A marca FSC® é a garantia de que a madeira utilizada na fabricação do papel deste livro provém de florestas que foram gerenciadas de maneira ambientalmente correta, socialmente justa e economicamente viável, além de outras fontes de origem controlada.

GEOFF DYER

com fotografias de Chris Steele-Perkins

Mais um dia magnífico no mar

A vida em um porta-aviões norte-americano

Tradução
Pedro Maia Soares

COMPANHIA DAS LETRAS

Copyright © 2014 by Geoff Dyer
Fotografias © 2014 by Chris Steele-Perkins
Todos os direitos reservados.

Grafia atualizada segundo o Acordo Ortográfico da Língua Portuguesa de 1990, que entrou em vigor no Brasil em 2009.

Título original
Another Great Day at Sea: Life Aboard the uss *George H. W. Bush*

Capa
Kiko Farkas e André Kavakama/ Máquina Estúdio

Foto de capa
Chris Steele-Perkins/ Magnum Photos/ Latinstock

Preparação
Ana Cecília Agua de Melo

Revisão
Ana Maria Barbosa
Huendel Viana

Dados Internacionais de Catalogação na Publicação (CIP)
(Câmara Brasileira do Livro, SP, Brasil)

Dyer, Geoff
  Mais um dia magnífico no mar : A vida em um porta-aviões norte-americano / Geoff Dyer ; tradução Pedro Maia Soares. — 1ª ed. — São Paulo : Companhia das Letras, 2016.

  Título original : Another Great Day at Sea: Life Aboard the uss *George H. W. Bush*
  ISBN 978-85-359-2677-4

  1. Estados Unidos. Marinha – Vida Marinha 2. *George H. W. Bush* (Porta-aviões) 3. Marinheiros – Estados Unidos I. Título.

15-11178   CDD-359.94350973

Índice para catálogo sistemático:
1. Porta-aviões uss *George H. W. Bush* : Estados Unidos : Marinha 359.94350973

[2016]
Todos os direitos desta edição reservados à
EDITORA SCHWARCZ S.A.
Rua Bandeira Paulista, 702, cj. 32
04532-002 — São Paulo — SP
Telefone: (11) 3707-3500
Fax: (11) 3707-3501
www.companhiadasletras.com.br
www.blogdacompanhia.com.br

Em memória de

Phyllis "Mary" Dyer
27 de julho de 1925-29 de junho de 2011

Arthur "John" Dyer
30 de novembro de 1919-30 de novembro de 2011

1.

Voaríamos da base da Marinha dos Estados Unidos no Bahrein para o porta-aviões em um Grumman C2-A Greyhound:* um avião de hélice pesadão, que estava mais para cavalo de guerra ou de trabalho do que para galgo. Não tinha nada de elegante ou rápido. O céu estava fazendo o que sempre faz nessa hora: esperava o sol aparecer. O sol é a única coisa que acontece nessa parte do mundo — isso e as estrelas, que estavam invisíveis. A temperatura estava agradável; algumas horas depois, estaria infernal. Dezesseis passageiros, todos da Marinha, exceto eu e o fotógrafo, se reuniram em torno da traseira do Greyhound, também conhecido como COD (Carrier Onboard Delivery), para ouvir as instruções de segurança. Nossa bagagem fora pesada e levada para o compartimento de carga. Apesar de meus protestos, tive de entregar também a maleta com o computador, uma coisa que eu jamais havia deixado acontecer. Ela precisava ser guardada, pois,

---

* *Greyhound*: galgo. [Esta e as demais notas chamadas por asterisco são do tradutor.]

quando pousássemos no porta-aviões, quando o avião tocasse o chão e se prendesse ao cabo de travamento, iríamos da velocidade de 220 quilômetros por hora a zero em segundos: a armadilha, a primeira das muitas palavras que ouvi pela primeira vez, ou melhor, a primeira das muitas vezes que ouvi uma palavra familiar usada de maneira completamente nova. Eu sabia ao que a armadilha se referia e a que pertencia — ao gancho de retenção, ao cabo de travamento —, mas não tinha certeza de como usá-la. A gente *acerta* na armadilha? *Chega* à armadilha? É recebid*o* pela armadilha? A armadilha: ela existia isolada de outras palavras, impedida de forma abrupta e permanente de seguir o movimento normal da sintaxe.

Depois, tinha a palavra "cranial": nesse contexto, não um adjetivo (como na massagem), mas um substantivo que se referia aos protetores de cabeça, ouvidos e olhos que eram entregues para o voo. Despercebido, percebi então, o céu clareara de cinza para azul. Vestimos nossos casacos flutuantes, pegamos nossos craniais e entramos em fila no avião. Havia dois assentos de cada lado do corredor, todos de frente para os fundos, e duas janelas de cada lado da fuselagem, do tamanho de um prato. Não era o tipo de ambiente em que se pudesse reclamar de falta de espaço para as pernas, embora essa fosse apenas uma das características marcantes da aeronave. As outras eram a fumaça e o barulho.

A rampa pela qual subimos fechou-se sozinha e nos trancou lá dentro. Fizeram-se outras checagens de segurança, entre elas acender uma lanterna como se para ver se havia buracos na fuselagem. Devia haver outros motivos para aquilo, mas checar buracos na fuselagem é uma boa coisa a fazer, obviamente. A mulher que fez essas verificações era o equivalente militar de uma comissária de bordo. Usava um macacão de voo cor de areia e parecia tão durona quanto uma mulher de uma história de Annie Proulx. Não havia nenhum carrinho passando — nada de "frango ou carne?" ou "preparar para o pouso" —, mas quando ela se sentou na minha frente, antes da decolagem, vi que seus cabelos estavam presos em um coque apertado na parte de trás da cabeça. A Marinha permitia que as mulheres usassem cabelos compridos. Não fiquei exatamente surpreso, apenas me agradou ver que as coisas eram assim.

Não estávamos taxiando, mas ocorrera um aumento de potência e o barulho do motor era ensurdecedor. Eu achara o ruído ensurdecedor quando embarcamos, mas naquele momento eu não sabia nada sobre barulho ou ensurdecimento. Soava como *O voo da Fênix*. A sensação também era a mesma, embora não estivéssemos em movimento, muito menos voando. Era evidentemente o momento de pôr meu cranial que beliscava as orelhas. Feito isso, fiquei ali sentado, com o cinto bem apertado, espantado pelo indisfarçado uso de rebites no assento da frente. Tudo no avião era rasgado, riscado, arranhado, despojado. Tubos, canos, cabos e superestrutura estavam todos expostos. Os aviões de passageiros comerciais dos países mais pobres do mundo o superavam no quesito babados; comparar esse avião com qualquer coisa existente nas frotas das companhias de baixo custo do Ocidente daria uma impressão distorcida de luxo. O conforto do passageiro não foi levado em conta em nenhum momento do projeto da aeronave.

Depois de esquentar até um estado de intensidade irreversível, o avião acelerou ao longo de uma pista por tanto tempo que parecia que estávamos tentando o logicamente impossível: ir por terra até o porta-aviões. Por fim, o chão, vislumbrado através da janela, logo atrás e à minha esquerda, desapareceu. Voamos sobre um borrão do Golfo, mas esticar a cabeça para trás a fim de espiar pela janelinha era tortuoso e dava dor no pescoço, então voltei a me sentar teso naquele tubo carregadíssimo, vibratório e silenciosamente barulhento, e me dediquei a estudar os padrões dos rebites.

* * *

Após quarenta minutos, a viagem turbulenta ficou ainda mais cheia de pinotes enquanto descíamos, domando o ar xucro. Houve uma guinada de dar ânsia de vômito. Estávamos aterri... Não, não estávamos! O braço da aeromoça fez um gesto em espiral para indicar que tínhamos errado o cabo de travamento e estávamos arremessando para subir e tentar outra vez.

O avião fez um círculo, inclinou-se e desceu de novo. Dessa vez, batemos na pista e paramos. Instantaneamente. Foi repentino, mas não tão violento quanto eu esperava e temia, possivelmente porque estávamos de costas e assim fomos jogados contra nossos assentos, em vez de para a frente e para fora deles.

A porta da rampa na parte de trás do avião baixou e revelou que havíamos pousado em outro mundo — ainda que um mundo com o mesmo céu azul de onde havíamos partido. Radares rotativos, uma bandeira americana, a ilha (outra palavra nova-velha, que se referia à ponte e a várias salas de operação de voo que se erguiam de um lado do convés: uma ilha na ilha do porta-aviões).

A porta continuou descendo lentamente, revelando o próprio convés de voo, povoado por seres de viseira vestidos com blusões e coletes flutuantes vermelhos, verdes e brancos. Jatos estacionados — F-18s — e helicópteros.

Estávamos lá. Havíamos chegado ao mundo dos porta-aviões.

Nunca vi nada parecido com a subitaneidade dessa mudança. Compare-se com a experiência de sair de Londres e aterrissar em Mumbai — do inverno enregelante ao calor de trinta graus — às duas da manhã, em janeiro. Até mesmo uma mudança tão forte como essa é gradual: um voo de nove horas; uma descida longa e lenta; taxiar pelo aeroporto até o portão; imigração, retirada de bagagem, sair do terminal. Normalmente, demora uma hora e meia até que você se veja no meio da noite indiana, com seu cheiro de fumaça de madeira e a percepção de que milhares de pessoas ainda dormem. E agora, em um segundo viajávamos a 220 quilômetros por hora e no instante seguinte estávamos parado, a porta se abria e entrávamos em outro mundo, com regras, culturas, normas e objetivos próprios.

As pessoas de viseira preta estavam olhando na nossa direção ou correndo, de bobeira ou gesticulando. Três, de blusão branco e colete salva-vidas branco, subiram na rampa de acesso e nos disseram para seguir em fila indiana. Deviam estar gritando porque saímos para um mundo silencioso — até então, eu não havia percebido como a proteção de ouvido dos craniais funcionava — no qual o vapor se enrolava e flutuava ao longo de parte do convés. O ar estava pesado com o cheiro de querosene de aviação. O calor caía do céu e quicava no convés. Outros três sujeitos com craniais na cabeça, de camisetas e calças marrons, estavam envoltos em correntes pesadas como mecânicos na Idade Média, encarregados de uma máquina de cerco. Queríamos seguir sem pressa, mas havíamos entrado num mundo urgente e apressado, onde você faz o que mandam, que era andar em fila única até a passarela no fim do convés e descer até o Escritório de Transferência Aérea (ATO, na sigla em inglês) que, já lotado de pessoas se preparando para partir, ficou logo entupido com os que tinham acabado de chegar.

O guarda-marinha Paul Newell, que nos acompanharia pelo navio, espremeu-se para dentro da sala e se apresentou. É sempre bom ser bem recebido em um mundo alienígena! Em especial quando quem recebe é alguém tão amistoso, sorridente e acolhedor como Paul. Foi como ser recebido em um resort, convenientemente localizado embaixo do aeroporto local, com um drinque de boas-vindas e uma guirlanda de flores para pendurar no pescoço — exceto que não havia bebidas nem guirlandas. Ele estava de blusão branco e ostentava algo que eu viria a reconhecer como uma característica não incomum da vida no porta-aviões: uma espécie de bigode quase totalmente extinta na vida civil. Não uma obsoleta extravagância comprida e curva da RAF, mas uma coisinha sob o nariz, acima dos lábios, que não tinha nenhuma vontade de ser levada a sério, que passava a maior parte de seu tempo em um estado de constrangimento discreto pelo mero fato de sua existência, ainda que parca.

Estávamos prontos para ir — mas não estávamos prontos para ir. Eu fizera anotações sobre o Greyhound e, em vez de me agarrar à minha caderneta, a entreguei obedientemente à comissária de bordo, que, quando estávamos prestes a iniciar aquela primeira descida abortada, a enfiou em um saco com coisas de outros passageiros. E ela desapareceu. Assim, Paul teve de partir em uma missão de busca e resgate. Por que eu não a havia simplesmente enfiado no bolso? Porque fiz o que me mandaram fazer. Mas ao me comportar desse modo, demonstrei uma falta de iniciativa que agora estava atrasando — quem sabe até pondo em risco — a missão.

Os outros recém-chegados foram levados para seus alojamentos e aqueles que partiam do porta-aviões foram escoltados até o convés de decolagem. Quando Paul voltou, o fotógrafo e eu éramos as únicas pessoas que sobraram.

"Isso é tudo o que encontrei", disse Paul. Ele não estava segurando uma resistente caderneta Moleskine do tipo usado e mitificado por Bruce Chatwin e Hemingway, mas um frágil caderno escolar com uma capa verde e alguns rabiscos infantis nas páginas internas.

"É esse mesmo!", eu disse, feliz por ter minha identidade profissional restabelecida.

Agora estávamos prontos para ir. O que significava que estávamos prontos para começar a vaguear por passarelas, escotilhas e portas sem fim, algumas elevadas em alguns centímetros (excelentes para bater joelhos), algumas ao nível do chão. Era como um túnel de espelhos, e o fotógrafo naturalmente queria tirar uma foto desse corredor infinito. Mas teria de esperar. A cada três metros havia uma dessas escotilhas abertas e havia sempre alguém que ficava de lado para que pudéssemos passar ou que passava enquanto ficávamos de lado — a primeira hipótese, no mais das vezes. Ser um civil e, portanto, sem patente militar significava ser tratado como se estivesse praticamente acima de todos. Essa disposição para ficar de lado, para me deixar passar, era uma demonstração, no nível da gentileza, de uma coisa maior: eles estavam dispostos a dar a vida por mim, por nós. Se dessem ordem de abandonar o navio, eu seria escoltado, com firmeza e cortesia, para o primeiro bote salva-vidas disponível, porque *eu era um civil*. Assim como havia pessoas abrindo caminho — uma delas com um corte começando a cicatrizar na ponte do nariz e resquícios de um olho roxo —, havia sempre pessoas limpando. Aonde quer que se fosse, em cada passarela e escada, havia marinheiros lavando, esfregando, enxaguando, tirando o pó, varrendo, friccionando, escovando, lustrando, polindo.

Pessoalmente, passei o resto do meu tempo no porta-aviões me esquivando e me abaixando, ou, para ser mais exato, me abaixando e andando inclinado. Eu caminhava pelos passadiços e atravessava escotilhas sempre concentrado em um único objetivo: não esmagar minha cabeça, apesar de haver uma oportunidade a cada dois segundos. Era como se hospedar numa cabana no País de Gales que sofreu uma ampliação épica e foi convertida para energia nuclear. Toda vez que eu ficava ereto, me punha em risco. Então, eu bamboleava e serpenteava, me abaixava e andava inclinado.

Quanto mais velho se é, mais óbvio fica que as vantagens de ser baixo nesta vidinha superam em muito os míticos benefícios de ser alto. Em troca de uma ligeira vantagem ao sacar no tênis e ser atraente para mulheres altas (ou assim nos iludimos), gastamos nosso tempo dobrando nossos membros em carros e aviões e, em geral, esmagando nossos miolos. Meus catorze dias no navio foram os mais inclinados que já passei, catorze dias que tornaram obsoleta a Técnica Alexander e tolice a ideia de uma boa postura. Desde o início estive à caça de outros homens altos, com quem eu pudesse estabelecer um vínculo. Era eu a pessoa mais alta no navio? (Teria a Marinha uma exigência de altura máxima, do modo como a polícia ou o Exército tinham uma de altura mínima? Nesse caso, era essa altura do teto ainda mais reduzida nas condições notoriamente apertadas de um submarino?)

Após cinco minutos de batidas de joelho e caminhar inclinado, chegamos ao meu camarote particular. Observe o pronome possessivo. Não "nosso", "meu"; singular, não plural. *Eu* fui levado para o *meu* quarto. A ideia de compartilhar um quarto me enchera de tanto terror que, desde o início, fiz lobby por um confinamento solitário. Isso não seria possível, disseram-me: o fotógrafo e eu dividiríamos um quarto com o guarda-marinha Newell e outros três oficiais. Seis em um quarto! Mas nós, escritores, precisamos de um quarto só nosso, eu alegava, confiando que qualquer dano gramatical seria mais do que compensado — aos olhos da Marinha — pela alusão a Virginia Woolf. Gosto de escrever à noite, continuei, e o som de minha digitação perturbaria outras pessoas. Não precisa se preocupar com isso, foi a lépida resposta. Com jatos decolando e pousando, você se torna perito em filtrar o ruído, de modo que tamborilar um pouco não vai incomodar ninguém. Não é só a digitação, respondi (através dos mediadores que estavam organizando minha estadia no barco). Minha próstata está em frangalhos. Preciso fazer xixi pelo menos duas vezes por noite. O que ele precisa entender, foi a resposta da Marinha, é que o espaço é extremamente limitado. Homens e mulheres alistados estão em alojamentos de até duzentos, então estar em um quarto de seis é um enorme privilégio. O que eles precisam entender, retruquei, é que estou velho demais para compartilhar. Vou enlouquecer se tiver de compartilhar. Cresci sem irmãos e irmãs. Sou incapaz de compartilhar por minha própria constituição. Minha mulher reclama disso o tempo todo, eu disse. Basicamente, ninguém, exceto o capitão e algumas outras pessoas em posições de alto-comando, tem seu próprio quarto, veio a severa repreensão. Bem, talvez eu pudesse ficar com o quarto do capitão e ele poderia ficar com Newell e os rapazes por uma quinzena, sabe, se reconectar com as massas, dizia o e-mail que mandei de volta (para o meu mediador, sem pretender ir mais longe). À medida que se aproximava o momento de meu deslocamento, tentei me resignar à inevitabilidade de dividir um quarto — até comprei um pijama listrado —, mas descobri que isso era impossível.

Imagine o meu alívio, então, quando me levaram para o quarto vice-presidencial, em um pequeno e especial corredor VIP de "suítes para convidados". Conseguira meu próprio quarto graças à pura determinação e força de vontade. Eu enfrentara e vencera o poderio da Marinha dos Estados Unidos. Newell escoltou o fotógrafo ao quarto compartilhado deles, disse que estaria de volta em quinze minutos, mas eu não dei a mínima para o fotógrafo: se dependesse de mim, ele podia dormir ao relento, sob as estrelas no convés de voo. O importante era que ele não ia dormir ali, comigo, mesmo que houvesse um beliche sobrando (ou estante, como eles chamam na Marinha). Este teria sido o pior resultado de todos: compartilhar com o fotógrafo ou com *qualquer um* que fosse. Dividir o quarto com uma pessoa é pior do que dividir com seis e compartilhar com seis é, sob alguns aspectos, pior do que com sessenta. Mas estar aqui, sozinho... ter esse adorável quartinho — com uma mesa, uma cadeira confortável, uma pia (para se lavar e fazer xixi durante a noite) e um exemplar do livro da filha de George Bush Sênior sobre seu pai — era a felicidade.

Havia até mesmo um roupão espesso — caramba, era praticamente a suíte de lua de mel, um lugar onde um homem podia dedicar-se sozinho à arte marítima da masturbação.

Havia um único e pequeno problema e ele ficou óbvio depois de cerca de três minutos passados no quarto. O estrondo e os trovões da decolagem de jatos. Meu Deus! Um rugido, um estrondo e, em seguida, o som imenso da catapulta se rebobinando ou o que quer que fosse. O barulho mais irritante na minha rua de Londres é um ocasional varredor de folhas mecânico. Você sabe quão alto, quão enlouquecedor é isso? O barulho daqui fazia com que o som de um varredor de folhas parecesse com o de folhas voando na brisa, o tipo de música ambiente tocada durante uma sessão de cura por cristais ou reiki. Era como um trem passando sobre a cabeça. Nada: não era como um trem passando sobre a cabeça, era como um jato decolando sobre a cabeça — ou *dentro* da cabeça. Era um barulho além da metáfora. Qualquer coisa diferente do que aquilo na verdade seria diminuir o que aquilo era. Era barulhento para além do imaginável, mas o ruído de jatos decolando não era nada comparado com o de jatos *pousando*. Achei que o teto ia desabar. E depois havia o choque da engrenagem de travamento fazendo seu papel, de tal forma que a pancada e o rugido iniciais sobre a cabeça eram seguidos por um enorme solavanco de ajuste que atravessava todo o navio. Eu sabia que estava um andar abaixo, diretamente sob o convés de voo, e, embora não conseguisse descobrir qual ruído significava o quê, parecia que meu quarto estava exatamente debaixo do ponto em que a maioria dos aviões tocava no convés.

Como é que eu conseguiria uma noite de sono? Especialmente porque — como Newell explicou quando ele e o fotógrafo voltaram — aquilo acontecia a noite toda. Eu estaria lá por duas semanas. Não ia conseguir dormir um minuto. Era igual no lugar onde eles estavam? Não, eles estavam dois andares abaixo, Newell explicou. Ainda se ouvia os jatos, mas não era nada tão barulhento como ali. Estávamos gritando a plenos pulmões, não brigando, apenas tentando nos fazer ouvir. "E isso dura a noite toda?", gritei, repetindo como pergunta o que ele tinha acabado de me dizer.

"Sem parar. É um porta-aviões. A gente meio que está no negócio de aeronaves voadoras."

"Ainda tem um beliche sobrando no quarto de vocês?", perguntei sem saber se estava brincando. Eu estava dividido entre o alívio de ter meu próprio quarto e a ansiedade a respeito do que ter meu próprio quarto implicava.

"Você vai se acostumar com isso", disse Newell. É aí que você está errado, eu queria gritar de volta. A essência da minha personalidade é uma incapacidade para me acostumar com as coisas. Essa é, na verdade, a única coisa com que me acostumei: uma incapacidade de me acostumar com as coisas. Assim que ouço que há alguma coisa com que se acostumar, sei que não vou; eu meio que prometo a mim mesmo não me acostumar. Não havia tempo para gritar tudo isso: precisávamos preencher um monte de formulários porque, como um homem enlouquecido por um sujeito no andar de cima que toca *thrash metal*, eu estava voltando direto para a fonte do barulho, ao convés de pouso e decolagem.

Com a papelada resolvida, paramos para receber informações de segurança no ATO vazio — o barracão do ATO, como é conhecido — onde nos entregaram novamente craniais e coletes salva-vidas. O oficial de serviço de cabeça raspada nos mostrou um plano do convés, enfatizou a importância de permanecer perto de nossos acompanhantes, de fazer exatamente o que — e ir exatamente aonde — nos fosse dito. Todos os bolsos deveriam estar abotoados ou com o zíper fechado. Nada de coisas soltas que pudessem voar para longe. Eu poderia usar caderno e caneta, mas tinha de segurá-los com firmeza, sem tirá-los e colocá-los no bolso o tempo todo. E cuidado com as coisas em que se pode tropeçar — há um monte delas. Alguma pergunta? Muitas! Mas não havia tempo para fazê-las. Marchamos de volta pelas escadas estreitas até a passarela e estávamos novamente no mundo silencioso do convés de voo. O mar vazio reluzia como num folheto ("Já sonhou com férias em um porta-aviões?"). O céu era de um azul azul, gorduroso com o odor de combustível (uma coisa que os agentes de turismo não divulgavam). E havia algo de sonho nisso: para começar, o silêncio cranial dava ao visual — já realçado pela luz imaculada — uma nitidez maior. Não era somente que ali fosse outro mundo — o convés de decolagem era um mundo à parte no porta-aviões. E tudo o que acontecia em outros lugares do navio só tinha significado e importância em termos do que estava acontecendo ali. Tirem o convés de voo e os aviões e tudo o que sobra é um barco muito grande.

Havia muita coisa para assimilar — ou não ser capaz de assimilar. O tamanho do convés de voo, por exemplo. Quanto media? Impossível dizer. Era tão grande quanto era. Não havia nada com que pudesse ser comparado. Bem, havia pessoas, jatos e toneladas de outros equipamentos, mas não havia nada maior do que ele, exceto o mar e o céu, que sempre servem para enfatizar a falta de todo o resto. Assim, em termos físicos, tangíveis, o porta-aviões era o mundo e, como tal, era tudo o que havia.

Não fui o primeiro escritor a pôr os pés em um porta-aviões. Um de meus antecessores fora apanhado fraudando suas despesas por um editor atento. Essas coisas não são desconhecidas no jornalismo, mas, daquela vez, o editor o pegou com a mão na massa: o sujeito cobrou tarifas de táxi durante o período em que esteve a bordo do porta-aviões.

"Eu sei", disse o jornalista. "Mas você já viu o *tamanho* dessas coisas?"

Ouvi outra história, sobre dois irmãos que trabalhavam em diferentes setores do mesmo porta-aviões e que não se viram durante os sete meses em que estiveram lá. Não importa se histórias como essas são factualmente corretas: a verdade que elas atestam é que os porta-aviões são *grandes*. Grandes como pequenas cidades. Grandes o suficiente para gerar histórias sobre como são grandes. O convés de voo não é apenas grande, é também de uma horizontalidade acachapante. É o que o porta-aviões tem de ser: uma extensão horizontal pura e sem perturbações, que assim permaneça não importa o que o mar arremesse nela.

As equipes, com seus blusões e coletes salva-vidas de cores codificadas, me lembraram da vez que visitei a Bolsa de Chicago, em que operadores com seus blazers de cores coordenadas gesticulavam e gritavam num ritual diário que fazia todo sentido e cujas consequências eram potencialmente catastróficas. Aqui também as funções de cada equipe eram bem diferenciadas umas das outras, de acordo com um código de cores que eu ainda não entendia — exceto as camisas marrons. Estávamos em um dos lugares mais avançados em termos tecnológicos do planeta, mas os caras com blusões e coletes salva-vidas marrons sujos de graxa, enrolados em correntes pesadas, pareciam prontos para enfrentar o óleo fervente derramado dos muros de um castelo inexpugnável. Porém a combinação de medieval (correntes) e ficção científica (craniais e viseiras escuras) não dizia tudo: tinham também um toque de gangue de motoqueiros. Tudo isso considerado, tinham uma das aparências mais rudes e duras do pedaço. Não admira que estivessem por ali descansando com a graça de pesados pistoleiros prestes a invadir o *saloon*. Cada gesto era determinado pela necessidade de se deslocar com esse peso de corrente submarina. Eu não conseguia tirar os olhos deles. Eles não estavam posando. Mas nesse mundo silencioso, todo mundo está olhando para todos os outros o tempo todo, toda comunicação é visual, então você está consciente, se você é um cara com um monte de correntes penduradas em seus ombros, como um cinto de munição, que você é a realização de algum tipo de fantasia — não sexual, mais parecida com uma fantasia da própria evolução. E eles não se exibiam, havia apenas a graça que vem de ter de minimizar o esforço para executar uma tarefa corretamente, em especial se uma boa parte dessa tarefa envolve ficar à espera, com todo aquele peso nos ombros.

O ar era um desastre ecológico. Estava quente e o calor subia do convés, denso com os vapores do combustível de aviação. Sempre que um avião manobrava para as catapultas ou de volta ao seu lugar de estacionamento, ou para o elevador, vinha uma onda de vento superaquecido, como se o Vale da Morte fosse atingido por um vendaval de óleo. Estávamos no meio do mar e o cheiro era o de uma garagem com 50 mil carros, cada um deles com um grande vazamento de combustível.

Os críticos afirmam que a Primeira Guerra do Golfo e a invasão do Iraque tinham tudo a ver com a necessidade insaciável de petróleo dos Estados Unidos. Para que precisávamos desse petróleo? Para sustentar nossa presença ali, para manter as missões de voo. Todo o empreendimento cheirava a petróleo. Aviões decolavam. O fato de os craniais nos isolarem do ruído de rachar ouvidos — e o céu — enfatizava as tremendas forças em ação. Para ali convergia um senso agudo de milhares de anos de história e refinamento — o refinamento da ânsia de fazer a guerra e a necessidade de petróleo para fazê-la.

O objetivo de um porta-aviões é carregar aeronaves. Lançar e recuperar aviões, como Newell observou secamente, é o nome do jogo. Enquanto um avião se preparava para decolar, uma mulher de blusão verde, empoleirada na beira de uma espécie de bueiro, fazia sinais para os outros membros da equipe de terra. Alguns, de verde e vermelho, faziam sinais uns para os outros com absoluta clareza. Todos estavam em contato visual com todos, mas os jatos eram o centro das atenções, e no comando dos jatos estavam os pilotos. Todos os olhos estavam voltados para os jatos. O piloto era o observado de todos os observadores. Não havia espaço para nada que fosse nem de leve ambíguo. Havia um sujeito perto da frente da aeronave, abaixado para não ser aspirado pela turbina, e dois outros quase atrás das asas — os que faziam a checagem final — ambos agachados sobre um dos calcanhares e com a outra perna esticada para a frente, também abaixados para não serem atingidos pelo *jet blast*. Como Pina Bausch teria adorado pôr as mãos nessa cena! E graças a Deus que ela não o fez! (O mesmo se pode dizer de Claire Denis, cujo filme *Chocolate* termina com uma bela sequência de linguagem gestual de carregadores de bagagem africanos e cujo *Bom trabalho* olha com desejo para os corpos e o balé de soldados da Legião Estrangeira Francesa.) Pois a beleza dessa performance era absolutamente inseparável de seu cenário e de sua função. A detalhada e hipnótica coreografia em exibição era dedicada por completo à segurança, ao desencadeamento seguro da violência extrema. Violência não só em termos do que acontecia a centenas ou milhares de quilômetros de distância, para onde os aviões se dirigiam, mas ali, onde as imensas forças necessárias para o lançamento eram mantidas sob fervilhante controle.

Até certo momento, um avião pode ser tocado por membros da equipe de terra, ter seu nariz acariciado. Então, o JBD, o escudo defletor do *jet blast*, se ergue atrás do avião. A aeronave atinge potência total — só então é possível ter a noção de que, antes desse momento, ela estava ociosa, na folgança. Os flaps das asas sacolejam. Checagem final. Polegares para cima entre o piloto e os dois últimos membros da equipe de terra que correm para longe e se abaixam. O avião é arremessado para a frente e em segundos faz uma curva depois da extremidade do porta-aviões, sobre o mar. Na sua esteira fica uma onda de vapor que exala dos trilhos da catapulta. Após alguns instantes, a lançadeira da catapulta volta como uma lebre chamuscada numa corrida de galgos. Um minuto depois, outro avião de uma catapulta vizinha dispara para o céu.

Com a primeira parte do ciclo de lançamento e recuperação concluída, houve um interlúdio de tranquilidade, ainda que, mesmo durante os períodos de maior movimento, houvesse muita gente parada: pelo menos uma das castas coloridas da tripulação ficava descansando, em estado de alerta relaxado. Em um de seus livros sobre arte, John Updike pergunta se existe alguma coisa que se possa chamar de o rosto americano. Não sei, mas olhando para os caras no convés de voo, com o rosto escondido por craniais e viseiras, me convenci de que existe um jeito de caminhar americano. Até mesmo policiais obesos têm isso: uma desenvoltura e graça, uma arrogância sutil. Esse modo de andar costumava ser identificado principalmente com a raça — uma coisa dos negros —, mas agora parece um traço cultural e nacional.

Através do silêncio atordoado caminhamos em direção à popa do navio para observar melhor o pouso dos aviões e passamos pelo lado da ilha onde uma placa alertava, de forma bastante razoável:

CUIDADO COM

JET BLAST

HÉLICES

E ROTORES

Havia ali grande abundância de tudo isso. Acima desse aviso, como a placa de um cassino gigantesco, via-se o número branco 77. Havia muito a ver, um monte numa escala enorme, mas meu acompanhante estava sempre me dando um tapinha no ombro, apontando para mangueiras, tubos, ganchos, correntes e outras pequenas coisas em que eu poderia tropeçar.

Podíamos ver os aviões na distância azul, pontinhos em forma de avião descendo em um imenso círculo. Ao se aproximarem do porta-aviões, suas asas inclinavam-se ligeiramente o tempo todo, primeiro para um lado e depois para o outro, fazendo ajustes e compensações. Três cabos de travamento — grossos como cordas, mas finos e parecendo arame naquele contexto — estavam esticados em toda a parte traseira do convés. A bombordo do navio, muito perto da parte traseira, os oficiais de sinalização da aterrissagem (LSO, na sigla em inglês) — todos pilotos — comunicavam refinamentos detalhados de aproximação para o piloto.

Os aviões tocam o convés e, em seguida, em vez de diminuir a marcha, como seria razoável esperar, aceleram imediatamente a plena potência, caso não acertem nenhum dos cabos de parada e precisem arremeter, como havia acontecido com o nosso Greyhound: um *bolter*, no jargão. Se o gancho se prende, então o cabo de travamento se distende em um longo V e detém o avião. Os perigos dessa operação são numerosos e evidentes. O avião pode bater na traseira do navio, escorregar para bombordo e cair no mar ou, o que é pior, escorregar para estibordo e atingir a ilha, pessoas, guinchos e outros aviões estacionados. Todas as variedades de acidente estavam em um livro que folheei no voo para o Bahrein: *Clear the Decks: Aircraft Carrier Accidents of World War II* [Evacuem o convés: Acidentes com porta-aviões da Segunda Guerra Mundial]. Mísseis não utilizados se soltam de sob as asas e são lançados contra a ilha. A força do pouso é tão grande que um avião já danificado por fogo antiaéreo se parte em dois, a metade traseira fica enganchada no cabo de parada, enquanto a parte da frente dispara pelo convés. Nos piores acidentes, o avião se torna uma bola de fogo instantânea, mas — e é isso que torna o livro cativante, em vez de apenas horrível — muitas vezes é impossível dizer o que acontecerá com o piloto. O avião desaba e, em meio às chamas, o piloto se arrasta para fora da cabine e rola por baixo da asa para um lugar seguro. O avião se rompe em pedaços e o piloto sai caminhando, abalado, mas ileso. Porém um acidente de aparência relativamente inócua resulta em sua morte instantânea, ainda preso ao assento.

A metáfora que aparecia nos relatos dos pilotos era que aterrissar em um porta-aviões era como tentar pousar em um selo postal (um dos sujeitos que conheci mais tarde usaria exatamente essa expressão). O que dá certo trabalho, é claro, mas se for durante o dia, com vento constante, visibilidade perfeita e o mar calmo como um lago, parece bastante rotineiro. Mas então você inclui algumas variáveis: uma tempestade, ventos laterais, chuva e mar agitado, de tal modo que, ao olhar através do Plexiglas da cabine, é como estar numa traineira no mar do Norte. Ou talvez um motor pifado. Ou ambos os motores pifados. Ou o piloto cego pela fuzilaria, incapaz de ver qualquer coisa, recebendo instruções de um avião ao seu lado e o LSO, sem levantar a voz, dizendo apenas "leme direito, leme direito" — até o último momento, quando grita "atitude, atitude, atitude!".

É possível ver registros em vídeo dessas coisas, junto com muito mais escapadas e desastres, recentes e antigas, no YouTube. Um avião que parece prestes a morrer, quase na vertical, bem em cima do porta-aviões, de alguma forma levanta voo novamente. Um mau funcionamento significa que o navegador foi parcialmente ejetado e assim o piloto tem de trazer o avião com seu colega cavalgando sobre os restos da cabine, como em um rodeio. Ao ouvir o LSO gritar "Ejetar! Ejetar! Ejetar!", piloto e navegador obedecem imediatamente e veem seu avião ganhar velocidade e voar valentemente para longe, como um cavalo cujo jóquei caiu na pista do hipódromo.

Se tudo correr como planejado, o avião para, o gancho de cauda é erguido, o cabo de travamento é liberado e volta serpenteando, ajudado em seu caminho por membros da tripulação que o cutucam com vassouras para desencorajá-lo de sequer pensar em tirar uma folga. Em poucos segundos ele está de volta ao seu lugar, enroscado e tremendo um pouco devido à tensão de sua existência — compreensível nas circunstâncias —, mas, por outro lado, pronto para o próximo cabo de guerra com um F-18.

2.

Marchamos de volta e descemos as escadas, tiramos os coletes salva-vidas e craniais. No decorrer da minha estadia, andei constante e rapidamente entre os numerosos níveis abaixo do convés de voo, muitas vezes mal sabendo onde estava (não tinha a menor ideia na maior parte do tempo), mas a diferença entre o convés de voo e tudo que estava abaixo dele era absoluta. Lá em cima, era como entrar no mundo de sonho, no reino marcial do supersônico, onde as deusas do céu Gravidade e Gravidade Negativa tinham de ser constantemente aplacadas e satisfeitas. Lançamento e recuperação podem ter sido organizados no interesse da eficiência e da segurança, mas eram também um ritual religioso — um ritual do qual era impossível sair cético ou não crente, mesmo que não se entendesse exatamente quem estava fazendo o quê, ou por quê (na verdade, essa ignorância o liga com *mais* força a cerimônias religiosas tradicionais).

Agora era a vez de outro ritual, mais comum: o almoço na Sala dos Oficiais, reservada para oficiais comissionados. Minhas ansiedades em relação à vida no navio não se limitavam à dúvida sobre se eu teria um quarto só para mim. Eu também estava preocupado com a gororoba, o rango, a boia. Eu sou o pior tipo de comensal exigente. Não tenho nenhuma alergia e, com exceção de frutos do mar, não tenho objeções genéricas a tipos de alimentos, mas tenho aversões e revulsões tão intensas e variadas que eu mesmo peno para saber quais são. Cresci odiando toda comida que meus pais faziam, e sempre me diziam que eu não comia o suficiente para manter um pardal vivo. É provável que seja por isso que sou tão magro e também por isso que entrei na fila do almoço com alguma apreensão. Apreensão que se revelou inteiramente justificada. Era tudo revoltante. O cheiro das carnes cozidas e do combustível de aviação em que foram preparadas me deu náuseas. Sim, havia salada, mas com alfaces representadas e de maneira desastrosa simbolizadas pelo iceberg, eram profundamente desanimadoras. Não sou um vegetariano cheio de princípios, mas estava à espreita de uma opção vegetariana cozida, que achei na forma de espaguete com molho de tomate. Estava quase frio nos recipientes de servir. No momento em que ficou num prato frio por trinta segundos e eu me sentei com o fotógrafo, Newell e alguns amigos dele da Sala do Reator, qualquer resíduo de calor havia desaparecido. Não era uma massa gostosa, mas pelo menos seu aspecto desagradável estava todo no momento do consumo; esse aspecto não se transformava no ressaibo indutor de náusea das grandes carnes. Veterano de missões nos lugares mais conturbados e menos apetitosos do mundo, o fotógrafo devorou com entusiasmo. Ele estava faminto, o fotógrafo, e era adaptável. De sobremesa, comi duas ameixas e um iogurte que, coincidentemente, tinha sabor artificial de ameixa, embora não tivesse, de fato, gosto de nada. Não foi bem uma refeição, mas o pardal foi mantido vivo e a fome, à distância. Eu tinha passado pelo almoço, mas já estava — depois de apenas uma sessão — calculando por quantas refeições eu teria de passar durante minha estadia.

3.

Depois de tudo o que eu ouvira falar sobre o tamanho dos porta-aviões, imaginei que haveria uma abundância de lugares para praticar esportes. Mesas de pingue-pongue — e a perspectiva de um campeonato de tênis de mesa — eram uma certeza tão grande que até levei minha raquete. Badminton parecia provável e, embora isso pudesse ser um pouco otimista, eu tinha esperanças até de uma quadra de tênis. A realidade é que um porta-aviões é um lugar tão apinhado quanto uma favela de Mumbai, com uma fábrica de aviões — o hangar — no meio. O hangar é o maior espaço interno do navio. É absolutamente enorme — e quase insuficiente para tudo o que acontece lá.

Logo depois da escotilha por onde entramos, uma dúzia de tripulantes de ambos os sexos, de shorts e camiseta regata, todos conectados a seus iPods, pedalavam em bicicletas ergométricas ou corriam em esteiras. Era como entrar num futuro em que a tecnologia da energia renovável tivesse avançado até o ponto em que os esforços deles fornecessem energia a todo o navio. Havia até mesmo uma estátua de alguém correndo: George Bush Sênior, é claro, de roupa e kit de aviador, se apressando em direção a seu avião na Segunda Guerra Mundial, quando foi piloto da Marinha. Tanques de combustível pendiam do teto e das paredes. Cada pedaço de espaço era utilizado da mesma forma que meu pai, em escala menor, maximizava o espaço de sua garagem (e, em consequência, jamais confiava em mim para estacionar o carro lá dentro depois que eu o pegava emprestado). Os aviões estavam aninhados uns perto dos outros. Mecânicos andavam sobre eles, com mocassins macios especiais sobre as botas para evitar danos. Cada avião tinha o nome de um piloto estampado logo abaixo da cabine, no lugar onde, durante a Segunda Guerra Mundial, bandeiras japonesas ou suásticas indicavam inimigos derrubados. Mas o fato de Dave Hickey ter seu nome ali não significava que fosse o avião de Hickey, para seu uso exclusivo (o que me fez pensar que sentido fazia ter o nome ali; quer dizer, quando você escreve o seu nome na caixa de leite na geladeira de uma república estudantil, faz isso para indicar que aquele é o *seu* leite, que ninguém pode dar um grande gole ou derramá-lo sobre uma tigela de flocos de milho Crunchy Nut só porque está com larica).

Eu estava no meio dessa analogia-reminiscência quando fomos recebidos pelo comandante Christopher Couch, cujo prazer de chefe foi nos levar num tour por esse espaço enorme — e apinhado de gente. Tinha seus quarenta e tantos anos, imaginei, e seu cabelo estava cortado igual ao de todos no navio. Eu sempre gosto de estar na presença de pessoas que são boas no que fazem e amam seu trabalho — independente do que fazem — e se havia um homem apaixonado por seu trabalho era Couch. Ele começou por explicar que o E-2C Hawkeye tinha uma hélice de oito pás e que isso só se tornara possível recentemente, graças aos avanços na tecnologia de materiais. Fazia sentido. Lembrei-me dos biplanos da Primeira Guerra Mundial com suas hélices de duas pás e velocidade máxima pouco maior que de uma bicicleta. Não consegui fazer anotações: havia tanta coisa para ver e era impossível acompanhar todos os números de modelos, peças de motor, combustíveis, ferramentas e bobinas, funções, processos e objetivos, muitos dos quais se dissolviam numa torrente de acrônimos.

"Uau!", exclamei durante uma breve pausa na ladainha de Couch. "Este é o mais A-A-I em que já estive."

"Como?"

"Ambiente Acrônimo Intensivo", disse eu, me sentindo ao mesmo tempo inteligente e estúpido por ter arriscado fazer a primeira piada em um lugar novo.

"Essa é boa", disse Couch num tom que sugeria que existem apenas piadas ruins.

A luz penetrava através de enormes espaços de ambos os lados do hangar: eram os elevadores de bombordo e estibordo que levavam os aviões para o convés de voo. O mar passava correndo, como um filme de céu e luz projetado de dentro daquele vasto e delineado auditório. Eu gostaria de ver mais dessa epopeia náutica, mas não estávamos ali para admirar a vista. A recitação de Couch sobre especificações e peças de motores, no entanto, era ocasionalmente pontuada pela menção a uma coisa com que eu poderia me relacionar num nível humano: a praia. Ela apareceu várias vezes, essa praia, mas Couch não estava fazendo uma digressão sobre como gostava de passar suas férias: estava falando sobre "o longo canal logístico para a praia". Ah, ele ainda estava no batente: a praia era o continente onde havia peças de reposição e consertos mais complexos poderiam ser feitos. Comecei a calcular maneiras de incorporar esse pedacinho de metonímia num papo de festa na praia de Londres. Não consegui pensar em nenhuma, mas gostei da lógica de seu uso, a maneira como realizava duas tarefas simultaneamente. Fazia a mobilização parecer um cruzeiro de prazer (se você ama seu trabalho assim, é uma espécie de férias remuneradas) e também o contrário: fazia tudo o que acontecia no continente parecer coisa de viagem com a família em comparação com o lance sério que rolava por lá.

Fomos para o outro lado do hangar, perto da extremidade traseira do navio, a cauda do ventilador, como a chamam por ali. Era o lugar onde os motores dos jatos eram testados. À noite, um teste completo levaria cerca de oito horas, e era uma fonte não de espanto, mas de incompreensão para Couch que alguém pensasse em perder um único minuto desse desempenho épico sem concluir que sua vida tinha sido completamente desperdiçada.

4.

A praia veio à tona novamente, no Controle de Aproximação do Porta-Aviões (CCA, na sigla em inglês), que visitamos depois de escurecer. "Na praia, o campo está sempre lá", disse um dos rapazes, erguendo os olhos rapidamente de sua tela. Parecia o início de um daqueles anúncios de rádio codificados da BBC para a Resistência Francesa antes do Dia D. Isso ou um verso de um rascunho de poema de Wallace Stevens. Seguiu-se um longo intervalo de silêncio antes que o que estava acontecendo na tela lhe permitisse retomar e completar. "Sim, o campo deles está sempre lá. Enquanto o nosso aeroporto se move."

Havia dezesseis pessoas no CCA, todas enfiadas em jaquetas militares acolhedoras, monitorando o que parecia ser um conjunto de telas de computador e mapas de radar de 1 bilhão de dólares. Estava gelado como um hotel de Las Vegas e escuro como uma boate. Havia até mesmo algumas lâmpadas ultravioleta, destacando as coisas brancas como neve, fantasmagóricas, que pendiam do teto em prontidão para o Halloween. A temperatura precisava ser mantida baixa por causa dos equipamentos, mas também significava que não havia nenhuma chance de alguém cochilar e tirar uma soneca. O simples fato de tentar se manter aquecido significava que o cérebro estava em um estado de alerta máximo constante. A escuridão destacava os verdes, roxos, amarelos e vermelhos das telas. Havia um ar de atenção descontraída e fria. Alguém tomava café numa caneca transparente, com uma fatia de laranja dentro — uma bebida estranha. Um supervisor de pé no meio da sala olhava por cima dos ombros das pessoas, verificando como faziam o trabalho. Era um supervisor estagiário e alguém estava de olho nele também. Assim, a hierarquia naval dominava o navio como a ilha controlava o convés de voo. Comecei a desejar estar usando um pulôver grosso e tentei imaginar que gosto teria café com uma fatia de laranja. Mas, sobretudo, estava contente porque não havia ninguém olhando por cima do meu ombro, checando como eu fazia meu trabalho.

Havíamos chegado ali meia hora antes de os pássaros começarem a pousar. À medida que se aproximava o momento da recuperação, a atmosfera mudava, de atenta para concentrada. Com as telas repletas de dados, lembrei-me, como acontecera no convés de voo, dos mercados financeiros, dessa vez com algum tipo de crise começando a se fazer sentir: uma queda no FTSE 100, uma subida devastadora na Nasdaq. Eu nunca estivera em um ambiente onde a intensificação lenta da concentração fosse tão nítida. Uma das telas apagou. E voltou. Eu ouvira falar do estresse do controle de tráfego aéreo, havia visto *Voo United 93*, em que os controladores manobram aeronaves para tirá-las do caminho dos aviões sequestrados. Isso era, de certo modo, mais estressante — "nosso aeroporto se move" —, mas o número de aviões era mínimo em comparação com os milhares que faziam fila sobre Londres todos os dias, na esperança de se espremer em um ponto de pouso nos aeroportos de Gatwick e Heathrow, sem ficar circulando por horas, como num engarrafamento em horário de pico. Os controladores tinha um jeito diferente de falar com os pilotos. Firme o suficiente para que a ideia de não obedecer nem sequer ocorresse, descontraído o suficiente para que ninguém se sentisse escravizado (gerando, assim, o urgente reflexo de fazer o oposto). Algumas telas de plasma exibiam números, dados e informações de radar; outras transmitiam a ação no convés, enquanto os aviões desciam no escuro, um após o outro. A qualidade da imagem era mais ou menos a de um registro do circuito interno de um empório de bebidas de Stockwell. Tudo corria como um relógio — expressão que, nesse contexto, parecia fora de moda havia séculos. Os pássaros estavam todos de volta.

E permaneceriam até de manhã. É isso mesmo: as operações de voo terminavam por volta das 2140! Newell sabia disso o tempo todo. O papo sobre aviões indo e vindo como Lionel Richie, *all night long*, tinha sido apenas uma brincadeira. Todo mundo estava em casa e ficaria em casa. Teríamos uma noite tranquila.

Na realidade, haveria um longo intervalo do que passava, naquelas bandas, por silêncio.

O apagar das luzes, às dez da noite, foi precedido por uma mensagem transmitida para todo o navio: uma pequena parábola seguida de uma oração. Era uma boa maneira de terminar o dia e unir a todos, aqueles que dividiam um dormitório com duas centenas de outros, oficiais em um quarto para seis e os poucos privilegiados que tinham quartos individuais, deitados em seus beliches, cansados, mas sabendo que se acordassem no meio da noite precisando fazer xixi, a pia estava a apenas um metro de distância.

Podia não ter jatos pousando, mas meu quarto especial foi periodicamente envolvido por novas fontes de clamor industrial que tampões de ouvido foram impotentes para manter à distância.

Fui acordado subitamente toda a noite, mas sempre consegui voltar a dormir, em parte porque o silêncio reinante era tudo menos isso. Não era nem mesmo ruído *branco*, estava mais para cinza-escuro quase preto, enquanto ar, água, calor, líquido refrigerante e, até onde eu sabia, munição ou pães passavam assobiando, uivando, explodindo, tinindo, jorrando e batendo através das portas e becos do sistema de suporte de vida do porta-aviões.

5.

O café da manhã na cantina dos oficiais tinha um cheiro de fritura de ovos congelados, bacon e outros horrores evitados — se não ignorados — em favor de cereais, conservas de frutas e iogurte. Depois disso, fomos direto à fonte, para as cozinhas onde tudo tinha sido preparado. Quem nos guiou foi o suboficial Charles Jakes, de Nova York. Ele era afro-americano, e passara 25 de seus 44 anos na Marinha. De jeito ao qual eu já estava me acostumando, Charles correu — ao contrário de andar ou passear — por uma descrição de sua missão e suas rotinas. Ele estava no comando de 112 cozinheiros e 180 atendentes que serviam sete lugares de comer no navio. Quantidades crescentes das coisas servidas nesses locais eram pré-preparadas, em vez de feitas a partir do zero (o que economizava dinheiro e tempo, reduzia a quantidade de pessoal e explicava, em parte, por que as refeições no navio eram menos do que apetitosas).

A ideia, explicou Charles, era passar 45 dias sem que nada acabasse. E vinte dias sem que acabassem frutas e vegetais. Ele nos levou a um freezer, do tamanho de um apartamento de Manhattan, e nos descreveu seu conteúdo: 3600 quilos de frango, 2200 quilos de carne de vaca, 1800 quilos de hambúrguer. Os garçons de restaurantes americanos sempre empregam a primeira pessoa do singular ao anunciar e descrever as especialidades do dia. "Eu tenho uma caçarola de cordeiro com uma redução de rabanete", eles dirão, como se essa invenção que soava interessante fosse chamada à existência unicamente por seus esforços descritivos. No caso de Charles, esse hábito gramatical assumia proporções pantagruélicas. "Eu pretendo comer tudo que há no navio", disse ele. "Então, voltando aos Estados Unidos, tenho 1 milhão de dólares ou menos que sobraram para os últimos 45 dias." Ele fez a bazófia de Paul Newman em *Rebeldia indomável* — "Sou capaz de comer cinquenta ovos" — parecer desprezível, o equivalente a pedir um único ovo levemente cozido sobre uma torrada. Por falar em ovos, passamos do congelador à geladeira para contemplar 230 caixas deles, o que perfazia um total de 575 dúzias de ovos. Isso parecia muito, mas calculei que dava pouco mais de um ovo por pessoa; daí a ansiedade de Charles em nos tranquilizar: "Estes não são os únicos ovos. A maioria está congelada. Estes aqui são apenas reserva". Bom saber disso.

No caminho para um dos locais de armazenamento, passamos por outro compartimento gelado que era, na verdade, o necrotério. "Não há ninguém aí no momento", disse ele. "E se houvesse, teria um guarda do lado de fora." Também foi bom saber disso.

Quando entramos na sala de armazenamento, Charles advertiu que estava em condição de grave depauperação. No início da mobilização, as coisas estariam empilhadas tão alto que não conseguiríamos ver por sobre as pilhas. Agora, perto do fim da missão que, ele esperava, iria esvaziar o lugar, elas raramente passavam de um metro de altura.

A primeira coisa que vimos foi uma quantidade baixa de pipoca ("eles adoram pipoca por aqui"). Adiante da pipoca havia latas de quase três quilos (como grandes latas de tinta) de molho Country Sausage, feijão Great Northern, porco e feijão Victory Garden, espinafre Popeye Leaf, fatias de sanduíche Heinz Dill Kosher...

Como uma mãe cujo filho aparecesse inesperadamente, Charles não parava de enfatizar que os níveis estavam baixos porque só faltavam 45 dias no mar e que, relativamente falando, não havia quase nada para comer.

Antes de visitarmos a padaria, vestimos pequenos gorros de papel ao estilo Nehru. Os padeiros, de Nova York, Texas, Chicago e Califórnia, foram enfileirados para nos receber. Eles assam 8 mil bolos por dia, sem contar os feitos para cerimônias especiais nos portos em que atracam (bolos imensos com cobertura nas cores da bandeira americana e da bandeira do país anfitrião). Nossa visita não foi exatamente cerimonial, mas eles haviam preparado algumas amostras para nós. Eu amo bolo, é a minha pipoca, e fiquei feliz por me empanturrar como se fosse o fotógrafo, não eu, que estivesse sempre beliscando a comida como um anoréxico de alto desempenho. O lugar estava incrivelmente quente — tão quente, como Philip Larkin observou em um contexto diferente, quanto uma padaria.

"O calor não incomoda vocês?", perguntei.

"Ahã", disse um dos padeiros. "Às vezes fica bem quente."

"Isto não é quente?"

"Hoje é um dia bem fresco."

A visita foi o mais próximo que já estive de vir a ser um político em campanha ou um membro da família real. Na verdade, descobri que tinha adotado a postura física de monarca em época democrática (de pé, com as mãos nas costas) e a correspondente doença mental: balançando a cabeça como se essa breve troca de gentilezas fosse o mais exigente caso de comunicação imaginável.

Da padaria seguimos para uma das cozinhas de verdade: o (ataque do) coração de toda a operação alimentícia, onde Charles retomou sua narrativa de empenho singular: "Eu pretendo preparar talvez 4 mil...", "Quando eu tiver comido uma tonelada de...". Enfiei em minha cabeça que isso não era apenas uma figura de linguagem, e agora via que era impossível me livrar da imagem do simpático e bem-disposto Charles abrindo caminho a dentadas através de pilhas de carne, batatas e legumes, empanturrando seu corpo para além de seu invólucro de desempenho, um Sísifo subindo uma montanha de comida, uma reencarnação abarrotada de calorias do Velho Marinheiro. À sua maneira, era uma façanha muito mais impressionante de perseverança solo do que até mesmo os pilotos poderiam imaginar.

Por todo lado havia cubas ferventes, tão redondas e profundas quanto tímpanos. Havia muita carne sendo preparada, sacos de plástico cheios de carne de porco picada.

"Hmm, cheira bem", disse eu, lembrando instintivamente que, nove em cada dez vezes, a coisa mais encantadora para dizer em qualquer situação será sempre o oposto do que de fato se sente. A verdade é que o cheiro era um apelo constante e nauseabundo em favor da Coalizão Carne-é-Assassinato ou da Aliança Vegana Transnacional. Mas o que se pode esperar quando se está no meio do oceano, com 5 mil bocas famintas para encher, a maioria delas precisando de muitas calorias para alimentar seus exercícios na academia?

Nosso passeio terminou com uma olhada em outro depósito de alimentos. Não obstante o aviso de Charles sobre a falta de suprimentos, a aguda falta de qualquer senso de escassez deu origem a uma forma de indigestão mental. Era tranquilizador olhar para aquelas latas todas empilhadas sabendo que não provaríamos — *eu* não — de seus conteúdos. Mas que decepção se o porta-aviões afundasse e caçadores de tesouros do futuro não descobrissem ouro e joias de galeões naufragados desde os dias da Armada espanhola, mas milhares de latas de molho e fatias de sanduíche kosher: a cidade perdida de Atlântida reimaginada como um hipermercado de descontos que houvesse afundado sob as ondas.

6.

Durante toda a minha estadia, o navio continuou a ser um labirinto tridimensional de passarelas, escadas e escotilhas, mas em algum momento sempre acabávamos de volta ao hangar, o segundo lugar mais interessante do navio (depois do convés de voo). Passamos por lá logo após nossa visita à cozinha e o faríamos de novo mais tarde, depois do anoitecer, quando ficava iluminado por uma luz amarelo-pálido (menos visível à distância). Agora, o sol árabe espiava através do espaço aberto do elevador, ansioso para obter um vislumbre do que estava acontecendo neste posto avançado da América industrial.

Como um búfalo derrubado por uma leoa que depois convoca o resto de sua manada para devorá-lo, um F-18 estava sendo bicado, espetado e desmontado por um bando de mecânicos e engenheiros. Eles caíram sobre ele como um enxame, tirando vísceras metálicas da fuselagem, cavando em sua cabine e arrancando as entranhas do motor. Faziam isso com o máximo cuidado, muitos deles usando a proteção de camurça suave sobre os sapatos que eu havia notado antes — o equivalente industrial pesado de chinelas — para evitar danos à pele delicada do avião. A preocupação era recíproca: pequenas bolsas acolchoadas estavam amarradas às bordas afiadas das barbatanas e asas do avião, para que cabeças não fossem abertas quando as pessoas passavam apressadas.

Uma mulher de camisa marrom estava empoleirada na asa, de pernas cruzadas, como se estivesse em um festival de arqueologia futura, concentrada na peça da mais alta importância que desparafusava. Tendo tirado o componente da asa, ela estava agora revestindo-o com algum tipo de graxa, cola, anticongelante, lubrificante ou o que quer que fosse. Peço desculpas pela discrepância entre a precisão da tarefa e a imprecisão de minha descrição dela. Jamais gostei de nada que envolva motores, óleo ou trabalho complicado, embora isso esteja, de certa forma, no meu sangue. Meu pai fez sua aprendizagem e trabalhou na Gloster Aircraft Company, onde foi construído um dos primeiros caças a jato operacionais, o Gloster Meteor. Certos dias, ele e seus colegas de trabalho almoçavam do lado de fora, mastigando seus sanduíches de pão racionado enquanto observavam os aviões decolar e voar pelo céu do condado. (Pensei muito em meus pais enquanto estive no navio; minha mãe havia morrido quatro meses antes de eu embarcar; meu pai morreria de repente, três semanas depois da minha volta.)

Uma bexiga de célula de combustível estava sendo substituída dois aviões adiante. Parecia um cruzamento entre um píton de cabeça preta e uma piscina para crianças totalmente desinflada. O trabalho era supervisionado por um civil que, como quase todos os civis no navio, era ex-militar (um veterano do Vietnã que tinha atuado em helicópteros, busca e resgate). Se o encontrasse na rua, você diria imediatamente que ele estivera nas Forças Armadas: uma franqueza, uma força (física, sim, mas também de determinação e identidade), um instinto para falar direto que se manifesta mesmo quando (em especial quando) em silêncio. Uma jovem mulher estava enrodilhada em uma postura quase de ioga na asa desse mesmo avião, substituindo alguma coisa. O fato de estar usando um cranial e um blusão marrom sujo de óleo deixava seus olhos ainda mais luminosos. Fiquei contente por ter uma desculpa para falar com ela. Ela enxugou o rosto com as costas da mão, como se faz quando os dedos estão oleosos. O que estava acontecendo não era exatamente uma coisa de inversão de gênero, mas a coreografia essencial da cena era representada em garagens de todo o mundo: uma mulher que ouve o que há de errado com seu carro, dito em termos quase incompreensíveis por um mecânico moreno cheio de graxa, confiante em seu conhecimento e nada envergonhado pelas imagens manchadas de óleo de garotas, principalmente loiras, que compõem um coro de assentimento silencioso quando a complexidade do conserto e seu custo estimado são afinal revelados. É óbvio que ali não havia *pin-ups* como essas; creio que menos porque as mulheres a bordo poderiam achar coisas assim ofensivas do que porque qualquer homem que sequer pensasse nessa forma de decoração se sentiria no mesmo instante como um babaca total. Um brocha. É impressionante como muitos dos pequenos problemas do mundo — e muitos dos grandes também — são eliminados pela mais simples das soluções: ter mulheres por perto. Pouco mais de um quinto da companhia do navio era composto por mulheres. Somente os homens em cargos de chefia tinham idade suficiente para se lembrar de como era quando só havia homens nas embarcações. Um deles me explicou que a principal diferença, depois que as mulheres subiram a bordo, foi "que o navio cheirava um pouco melhor, porque os caras tomavam mais banhos". Fora isso, o que o surpreendeu foi a velocidade com que a resistência à ideia de integração de gênero foi seguida por duas questões igualmente desconcertantes: por que houve todo aquele estardalhaço — e por que não fizemos isso antes?[1] Estranho ao local de trabalho, precisei de apenas um curto período de tempo no navio para perceber que aquele ambiente — e não bares, festas ou clubes — é o grande terreno fértil das paixonites. Ao longo dos anos, desenvolvi uma forte ideia de todas as coisas relacionadas com a vida em escritório que eu não conseguiria tolerar, como o uso de um banheiro comum, mas ocorreu-me agora que eu não conseguiria aguentar a tensão e o cansaço de ter paixões por minhas colegas de trabalho. A gente evita isso ficando sozinho em casa, mas sente falta disso também. Conversamos um pouco mais, eu e a mecânica de olhos claros que, vejam só, era de Wyoming. ("Wyoming!", eu gorjeei. "Sério?") Também ficou claro que outra parte do nosso encontro não se adequava com o cenário habitual "mulher com carro conversando com mecânico viril". Ou seja, essa mecânica tinha um marido em casa que era ex-fuzileiro naval. Ah. E eles tinham uma filha de quatro anos de idade. O pai dela — o pai da mulher com quem eu estava falando, avô da menina de quatro anos — era mecânico e ela sempre quis ser mecânica. Era fácil imaginá-la como uma moleca adolescente, capaz de consertar furos ou apertar um balanço que ficara frouxo. Tinha 22 anos agora e olhando para ela (o que eu não tinha nenhuma vontade de não fazer), era difícil imaginar alguém mais contente com o que estava fazendo. Descartei o pensamento assim que ele me ocorreu, assim que olhei para todos os outros, todos os outros mecânicos e engenheiros que estavam cuidando de suas tarefas com tamanho contenta-

---

1. Registrei o que vi e ouvi, e minhas impressões do que vi e ouvi. Para uma investigação do abuso sexual nas Forças Armadas americanas, ver o filme *A guerra invisível*, de Kirby Dick. [Esta e as demais notas chamadas por número são do autor.]

mento concentrado. Até mesmo as pessoas que não estavam em atividade se dedicavam a exercícios físicos nas bicicletas ergométricas ou em uma das aulas de ginástica, que parecia uma característica do hangar 24 horas por dia, sete dias por semana. Para onde quer que se olhasse, todo mundo estava *fazendo* alguma coisa, se não trabalhando nos aviões, empurrando ou rebocando coisas em carrinhos. Era como "Um canto às ocupações" de Whitman num cenário totalmente militar (com ênfase especial em aviônica): uma visão de uma América satisfeita e laboriosa, cada pessoa indispensável ao funcionamento do empreendimento maior, nenhum atrito entre o indivíduo e a tarefa. O que me fez pensar: por que não dar a um porta-aviões o nome de Whitman? E por que parar em Walt? Por que não rebatizar todos os porta-aviões com nomes de poetas? Deem-me uma boa razão para que o USS *Ronald Reagan* não deva se chamar USS *Emily Dickinson*.

7.

Em um navio onde todos davam duro, todos reconheciam que ninguém dava mais duro do que o pessoal que operava e mantinha as catapultas. Na noite anterior ao nosso encontro, o suboficial-chefe Jonathan Dicola terminara o trabalho à meia-noite. Foi dormir à uma. Estava de pé às cinco e meia. Nada de anormal nisso — um dia bastante comum, na verdade. Mas não é somente o *comprimento* dos dias: as condições também são duríssimas. A temperatura em uma das salas conectadas à catapulta — sala da Válvula de Lançamento, acho que é esse o nome — era de 43 graus (muito mais quente do que a padaria) e alguns dos sujeitos passavam a maior parte de seus dias de trabalho de dezesseis horas lá dentro.

Meu ouvido destreinado teve problemas para acompanhar a explicação de Dicola sobre o nome das várias partes da catapulta. Digamos que se tratava de falhas no nível do substantivo. Elas foram ultrapassadas por falhas sistemáticas no nível do verbo: o que esses substantivos — essas várias peças — *faziam*. Mas se o funcionamento da catapulta era complexo, as consequências do não funcionamento correto eram fáceis de entender. Em certa ocasião, um estabilizador vertical de um jato não funcionou, o avião caiu na água e matou todas as cinco pessoas a bordo. Em outro navio, um avião foi lançado antes de um membro da tripulação se afastar e a asa arrancou-lhe a cabeça. (O fato de não estar sempre claro se esses e outros incidentes narrados por Dicola foram realmente testemunhados por ele atesta o espírito de responsabilidade compartilhada que une todos os que trabalham em determinada parte da Marinha.) Outra vez, o PO (suboficial) do convés ainda estava embaixo quando o avião entrou em aceleração máxima e o sugou pela turbina.

"Nossa! Quando aconteceu isso?"

"Talvez em 96 ou 97. Então, agora eles esperam que o PO do convés saia e esperam que o disparador diga "Vá para potência militar" para que o avião entre em tensão total. Ao longo dos anos, aprenderam com esses erros. Também tivemos incidentes, como o chefe que não estava prestando atenção ao que estava fazendo e correu entre o avião e o JBD. A explosão o jogou por cima do JBD. Ele ficou bem despedaçado depois disso. Não foi engraçado na época", disse ele, rindo. "Mas, você sabe: *Onde ele estava com a cabeça?*"

É possível ver esse incidente, ou um muito parecido com ele, no YouTube. Por incrível que pareça, pode-se até ver o sujeito — ou um sujeito — sendo sugado para dentro da turbina. Isso é muito engraçado também porque, contra todas as probabilidades, ele sobreviveu para contar a história. Em vez de ser sugado para dentro e sair do outro lado, como carne através de um moedor, ele fez o motor explodir e parar, e saiu deslizando por onde havia entrado. Poucos dias depois, apareceu numa entrevista coletiva, enfaixado como uma múmia, mas compreensivelmente alegre, tendo em vista sua inverossímil sobrevivência.

* * *

Fazia sentido ir do funcionamento quase incompreensível da catapulta para o mundo igualmente impressionante da engrenagem de travamento. Durante uma de suas malfadadas tentativas de explicar o que acontecia, Dicola havia comparado a catapulta com uma espingarda de cano duplo; na outra extremidade do navio, o ABE3* Jefferson Maldonado me disse para pensar em termos de uma seringa gigante com o cabo servindo, ao que parece, de... Bem, eu não tinha certeza em qual parte da analogia a agulha se encaixava — e não somente em virtude de minhas deficiências mentais habituais. Eu estava usando tampões para os ouvidos, era difícil ouvir, e a cada poucos minutos um avião chegava gritando e batendo: era impossível ouvir qualquer coisa. Apesar de toda essa balbúrdia, da trepidação e do choque, os equipamentos em exposição — um monte de enormes tubos de metal do tamanho de oleodutos que entravam em outros tubos — não registravam o menor movimento ou tensão. O avião ou era um *bolter* ou havia se enganchado em um dos outros fios (estávamos no terceiro de três).

"Espero que peguemos um", disse Maldonado, parecendo tão esperançoso e desesperado quanto devia ficar quando ele e seus amigos iam pescar na República Dominicana. Ele mudou-se para Nova York quando tinha onze anos e ingressou na Marinha com dezoito. Tinha a mesma idade de Dicola e ambos dariam vinte anos de suas vidas para a Marinha. O que significava — me senti como alguém calculando quão pouco tempo um assassino condenado ficaria preso, indignado com a leniência da sentença — que estariam fora dentro de oito anos, com 38 anos de idade. Vistas

---

* ABE: *Aviation Boatswain's Mate*, que pode ser traduzido por "contramestre de aviação".

de outra forma, suas carreiras na Marinha durariam mais ou menos o mesmo tempo que a de Ryan Giggs no Manchester United. Mas do modo como Jefferson falava, as comparações com treinadores pareciam mais apropriadas do que com jogadores.

"A coisa em relação a este trabalho", disse ele numa dessas sutilezas épicas que pareciam uma característica da vida naval, "é que ele ensina a lidar com o estresse." Quantidades imensas, quase inimagináveis da coisa.

"Se um 747 tivesse um gancho, poderíamos parar aquilo", ele alegou poucos momentos depois. "É o que dizem. Não sei se é verdade." Só na rotina normal das coisas, os aviões chegavam a 220 quilômetros por hora e paravam em 33 metros (ou pouco mais de um segundo). Havia 670 metros de cabo com uma resistência à ruptura de 97,5 toneladas. Toda a operação era, como ele dizia, "de manutenção intensiva". O cabo precisava ser substituído a cada 2500 armadilhas e o pedaço no convés em que o avião de fato se enganchava era bom apenas para uma centena. Tendo em vista ao que ele era submetido, fiquei surpreso que durasse tanto tempo.

Tal como acontece com a catapulta, os acidentes são extremamente raros, mas os efeitos de um rompimento de cabo são catastróficos. Pode-se ver uma coisa dessas acontecendo no uss *George Washington* em 2003. Um F-18 desce e se engancha no cabo que, no limite extremo de sua extensão, se rompe. O piloto se ejeta pouco antes de o avião derrapar no convés e cair na água. Em seguida, o cabo volta como um chicote. Um sujeito de blusão amarelo salta como uma criança pulando corda. Por incrível que pareça, ele faz isso não uma, mas duas vezes, enquanto o cabo ceifa tudo e todos que estão em seu caminho.

Outro avião desceu e dessa vez o equipamento bateu com violência, foi, voltou e deu um coice com um estrépito de força maciçamente contestada.

"Pegamos um", disse Jefferson, como se estivéssemos sentados tranquilos às margens de um lago em Adirondacks — folhas de outono ficando amarelas, algumas nuvens — e tivéssemos fisgado um peixe reluzente e especialmente valioso.

8.

Quem viaja para a Tailândia estará familiarizado com a maneira como, quando o hino nacional toca no rádio, todos param o que quer que estejam fazendo — como emitir uma passagem para um trem que sai de Chiang Mai para Bangcoc em dois minutos — e escutam. O mesmo acontecia no porta-aviões com o discurso diário do capitão para a tripulação do navio. Estávamos numa passarela — é óbvio que estávamos numa passarela, estávamos sempre numa passarela — nos dirigindo para a capela, mas congelamos, entre um passo e outro, quando o capitão lembrou a todos que aquele era "um dia magnífico para estar no mar". Suponho que era, tendo em vista o sol, o céu claro e a ausência de tufões e torpedos a caminho. O que eu não sabia era que o capitão sempre dizia para todo mundo que o dia estava magnífico. Apesar disso, ele sempre conseguia voltar a grifar ou reenfatizar o "magnífico", como se ontem não tivesse sido tão excelente, e hoje, embora fosse em muitos aspectos indistinguível dos dias intermináveis que já haviam passado, fosse de alguma forma melhor, aumentando assim a possibilidade de que amanhã pudesse ser *ainda* melhor. Isso se tornou motivo de piada entre a tripulação, e eu me perguntava o que aconteceria quando eles estivessem voltando pelo Atlântico em novembro, com ventos de oitenta quilômetros por hora e ondas de seis metros: será que ele conseguiria manter a crença deles em algo que já viam com um grau de ironia carinhosa? Por ora, esperavam e ansiavam por essas afirmações diárias de excelência e ficariam muito desiludidos, possivelmente até mesmo rebeldes, se ele resumisse o dia com um mero "tolerável", "o.k." ou "bom". Havia algo de muito americano nessa capacidade de insistir constantemente no reino do superlativo melhorável.

A parte seguinte do seu discurso era dedicada à divulgação das realizações do *Avenger of the Day*,* um membro da tripulação, homem ou mulher, que fora selecionado por seu excelente trabalho, fosse qual fosse esse trabalho.

Depois disso, ele tratava das sugestões por e-mail da tripulação sobre como as coisas poderiam ser aperfeiçoadas, como os magníficos dias no mar poderiam ficar ainda melhores. Por um lado, era uma forma de transformar queixas em sugestões para a resolução de problemas: os banheiros (cabeças, na linguagem local) utilizavam um sistema novo de vácuo que estava propenso a entupir e assim, a qualquer momento, vários lavatórios pareciam estar fora de ação. Isso, evidentemente, era uma fonte contínua de queixa com que o capitão tinha sempre de lidar. Por outro lado, fazia parte do éthos mais amplo de aperfeiçoamento individual e coletivo que permeava o navio. Eu via sempre pequenos avisos exortando a tripulação a fazer melhor. Às vezes, eles assumiam a forma de incentivo generalizado: "PARE de olhar para onde você esteve e COMECE a olhar para onde você pode estar!". Outras ve-

---

* Avenger: tipo de avião que George H. W. Bush pilotava na Segunda Guerra. Bush teve seu avião abatido no Japão, logo depois de as bombas terem atingido o alvo. Os dois companheiros de tripulação de Bush morreram.

zes, estimulavam o orgulho tradicional de determinado departamento ou divisão — "Estabelecendo o padrão de excelência" — que se confundia naturalmente com a rivalidade. Entre os vários esquadrões de pilotos havia lembretes constantes e concorrentes e reivindicações de ser "A ponta da lança — permaneçam afiados". A "Filosofia de Comando" do Esquadrão Espartano (de helicópteros) estava dividida em incrementos:

Levar a Luta ao Inimigo e Vencer
Dar o Salto entre o Bom e o Excelente
Há Grande Honra em Servir o País
Todo Mundo é Importante
Sejam Administradores Meticulosos dos Ativos que Empregamos

Adorei esses e muitos outros lembretes para fazer melhor, para aperfeiçoar, mas o meu preferido era um tanto incerto em intenção e efeito: "Não está inguiçado: você apenas está usando errado".

Sendo inglês, tendo crescido em um país de telefones públicos quebrados e trens defeituosos, minha resposta imediata a isso foi: "Mas e se estiver *realmente* enguiçado?". Porém, do que gostei mesmo foi da maneira como a mensagem demonstrava e refletia sua própria verdade irrefutável: que a linguagem, embora *inguiçada* (em vez de *enguiçada*), ainda funcionava, apesar de ser usada errado (incorretamente).

9.

Quando finalmente chegamos à capela, fomos ciceroneados pelo comandante Cameron Fish — *Fish the Bish*,* como ficou conhecido durante uma temporada com a Marinha Real britânica. Estava em seus quarenta e tantos anos, imaginei. Tinha um rosto fino, estreito como a proa de um barco longo, mas estava empenhado em enfatizar a amplitude das crenças religiosas no navio. A capela estava lá, de acordo com a garantia constitucional da liberdade religiosa, não porque fossem evangélicos, disse ele, parecendo mais do que um pouco evangélico. Desse modo, a capela mudava de função — de religião — dependendo de quem e para que precisavam dela naquele momento. O número dos frequentadores estava de acordo com a população americana que frequenta igrejas, *se* fosse feito um ajuste levando em conta que uma parte desproporcional da população do navio era do interior cristão, o Sul e o Meio-Oeste. De acordo com Bish, havia talvez doze

---

* *Bish*, diminutivo de "bishop": bispo.

marinheiros a bordo que eram judeus, quinze ou vinte muçulmanos e oito budistas, mas naquele momento a capela estava sendo preparada para a turma pentecostal de estudo da Bíblia.

Bish perguntou a Curtis Bell, que estava dirigindo o grupo, se poderíamos ficar por ali. Curtis estava com um uniforme de camuflagem digital e grandes óculos (especialmente projetados, ao que parecia, para o estudo minucioso de livros com muitas palavras e letras bem pequenas). A delicadeza extrema de seus modos estava em nítido contraste com suas pesadas botas lustradas com perfeição. Suspeito e compreendo que seu impulso inicial fosse de não nos querer ali, mas ele lutou muito rápido com sua consciência e, com grande cortesia, não apenas concordou em nos deixar ficar, como nos *convidou* a fazê-lo.

Havia apenas sete pessoas presentes, mas isso é o suficiente, depois que a cantoria começa, para constituir uma congregação e coro. Uma das mulheres liderava o canto, fazendo a invocação — "Glória ao seu nome" —, juntando-se ao coro na resposta e passando para a próxima invocação: "Lá na cruz...". Adoro gospel, em especial como aquele, sem instrumentos, apenas vozes americanas erguidas e palmas rítmicas livres. Para ser honesto, dentro de trinta segundos o espírito ateu ficou comovido, lágrimas escorreram por seu rosto de incréu. Cristianismo! Cristianismo americano! Cristianismo afro-americano! O coro de vozes, o encadeamento de palmas, a promessa de liberdade e a história de aceitação, resiliência e resistência — de rompimento das correntes — que está presente em cada verso. Oh, eu podia sentir a felicidade daquilo, a alegria de ser "maravilhosamente salvo do pecado", embora toda a ideia de pecado e, em consequência, de ser salvo dele, fosse uma tolice completa. Mas era de fato um belo hino e, quando terminou, pude sentir todo o sentido de aleluia dele em mim e o calor por estar na presença de gente boa.

Depois de terminar a cantoria, a irmã, cujo nome não peguei, passou para a próxima fase da noite.

"Dou-lhe toda a Glória, toda a Honra, todo o Louvor. Obrigada. Obrigada por seu Espírito Santo. Obrigada por enviar seu Filho para morrer na cruz." Obrigado por isso e obrigado por aquilo, obrigado por tudo, e um agradecimento especial — isso era eu, extrapolando — pelo sofrimento que nos dá a oportunidade de agradecê-lo pela possibilidade de levar nosso sofrimento ao fim. Era uma versão imensamente ampliada e espiritual de maneiras impecáveis.

"*Muito* bem! Temos uma surpresa esta noite. Amém. Estamos recebendo este homem cheio de fogo. Ele virá e lhes dará o que assim disse o Senhor. Ele vai conduzi-los em cada escritura. Ele vai analisá-la para que vocês saibam exatamente o que essa escritura significa. Ele não é aquele que tira as escrituras do contexto. Ele vai fazer vocês entenderem como se estivessem no jardim de infância. Deixá-las claras como o dia. Amém. Ele é um verdadeiro homem de Deus. Ele segue o espírito, ele guia pelo espírito. Ele faz tudo com decência e ordem. Tudo é voluntário. Amém. Eu lhes trago ninguém menos que o irmão Curtis Bell."

Antes que o irmão Curtis assumisse o posto, houve outra rodada de cantoria. Foi preciso apenas um verso — "Há poder no sangue precioso do cordeiro" — e lá estava eu mergulhado de novo na pequena onda de vozes que fluíam e refluíam, chamando e respondendo.

"*Po*-der..."
"Poder, *Senhor*!"
"*Po*der..."
"Poder, *Senhor*!"

Por mais adorável que fosse, a cantoria tinha de chegar ao fim para que pudéssemos continuar com a parte do estudo da Bíblia daquela noite. Curtis precisava de um quadro branco, e

pediram ao irmão Nate para buscá-lo. Uma irmã leu um trecho de Romanos, capítulo 10, versículo 9. "Porque, se confessares com tua boca que Jesus é o Senhor e creres em teu coração que Deus o ressuscitou dentre os mortos, serás salvo."
Para compreender isso no contexto, Curtis explicou, era preciso ter em mente o que viera antes. Por exemplo: "Porque, desconhecendo a justiça de Deus e procurando estabelecer a sua própria, não se sujeitaram à justiça de Deus".
Seguiu-se uma exegese confusa, enquanto Curtis escrevia o essencial no quadro branco: "Justiça = justificado = redenção = salvação = salvo".
Foi uma vergonha terrível. O canto fora tão maravilhoso, mas agora a noite descambara para a crítica literária de baixo nível de um texto que não merecia nenhum tipo de exame sério. Não era melhor do que um mulá idoso reduzindo as complexidades do mundo para algo que poderia ser resolvido por um estudo minucioso do Alcorão. Curtis era um homem decente, espiritual, justo — era tudo o que dissera sua descrição: um bom homem, mas havia comprometido sua luz com a escuridão, escolhera a ignorância em vez do conhecimento, e todo o seu conhecimento não era mais do que a elaboração da ignorância. A distância entre aquilo e o canto, tão sincero e cheio do espírito, era enorme, ainda que os dois compartilhassem inspiração e crença similares.
Eu e o fotógrafo olhamos um para o outro. Saímos de fininho.

10.

Eu estava sempre constrangido no navio, nunca me sentia como se estivesse me integrando. Os membros da tripulação estavam ocupados demais com seus longos turnos, seu rango e tudo o mais que preenchia seus dias por completo para me dar qualquer atenção, mas eu me sentia uma protuberância, como o polegar de um caroneiro. Voltava sempre à declaração maliciosa de Joan Didion sobre suas vantagens de repórter em *Slouching towards Bethlehem* [Arrastando-se para Belém], uma das quais é que ela era "tão fisicamente pequena" que as pessoas se esqueciam dela. Eu, por outro lado, era provavelmente a pessoa mais alta, mais magra e, para meu desgosto, *mais velha* no navio. Estava sempre no caminho, sempre dizendo "me desculpe" e "com licença", e em geral atravancando o lugar, o que ficava mais evidente quando eu tentava passar por invisível nas bordas da academia, como o atacante Peter Crouch assomando na área adversária.

Havia uma fila para entrar na academia e não havia muito espaço uma vez lá dentro. O problema não era somente o tamanho diminuto da sala: havia também o pequeno problema de que todos os que estavam lá tinham o tamanho de duas pessoas. Os braços eram grandes como pernas, os pescoços eram do tamanho de cinturas, e assim por diante. Três sujeitos estavam correndo maratonas — em esteiras. O resto estava se inflando com pesos. Eles preferiam shorts e camisetas largas, para provar que, por maiores que ficassem, haveria sempre espaço para mais expansão. Até mesmo os caras que não pareciam tão grandes eram muito grandes. Os carecas tinham crânios que pareciam malhados. Tatuada e provocante, a sereia em um bíceps ficara grávida de seis meses depois de concluída uma série de exercícios.

Sempre me senti intimidado por academias de ginástica, nunca consegui apreciar a confiança toalha-no-pescoço de alguém que sabe que pode fazer levantamento de supino de setenta quilos, nem mesmo sei o que isso significa ou quanto de fato pesa setenta quilos. Só sei que não gosto de levantar coisas pesadas, principalmente depois de arranjar essa lesão no pulso que me impede de jogar tênis e que significa que deixei de estar em forma e ser esbelto para ser apenas um débil traço de masculinidade sem ombros cuja única redenção é não ocupar muito espaço, deixar bastante área livre para os outros — em especial agora que estava havia vários dias em quase greve de fome. Me enfiei num canto como um cachorrinho escorraçado, me perguntando se uma tatuagem visível de um buldogue me faria parecer mais ou menos patético. A sala estava rebentando de carnes tensionadas e bíceps fazendo caretas. A respiração vinha em bufos ferozes. Ouvia-se o barulho de metais pesados sendo largados. Eu tinha consciência de que estava olhando para aqueles braços e peitos com uma intensidade que poderia ser interpretada como homoerótica. (Havia duas mulheres ligadas em seus iPods que se exercitavam, mas o ambiente era predominantemente masculino.) Anthony Benning, o chefe da academia, estava de pé ao meu lado, de camiseta e bíceps. Ele vinha de uma família de militares, mas, na verdade, era o civil que supervisionava o programa de exercícios no navio. Pelo que pude ver, seu trabalho se assemelhava ao de um leão de chácara, impedindo pessoas de entrar. A academia estava lotada, por isso ele punha em prática a política do um-sai-outro-entra que vigora em clubes superlotados. Eu não sabia o que dizer, mas achando que deveria fazer uma pergunta, falei:

"Até que tamanho pode chegar um braço humano antes de deixar de ser um membro e se transformar em outra coisa?"

"O quê?", ele disse. Então mudei de tática e fiz uma pergunta diferente, ainda física, mas menos meta.

"Eu perguntei se você é a pessoa mais em forma no navio", disse eu.

"Muitas pessoas mais em forma do que eu."

"Muitas pessoas mais gordas do que eu", brinquei. Então, temendo que a conversa assumisse um tom meio desengonçado, perguntei-lhe sobre a comida, a sua compatibilidade ou não com a boa forma e o bem-estar.

"A maioria das pessoas come comida mais saudável no navio do que em casa", disse ele. Isso parecia indigestamente plausível. Assenti com a cabeça de uma forma que eu esperava que não parecesse tofu-esnobe. Ficamos sem falar, de braços cruzados — os deles maciçamente, os meus escassamente —, como espectadores de uma orgia muscular.

"Imagino que você não conhece alguém com quem eu possa conseguir alguns esteroides, conhece?", falei depois de um tempo. Ele sorriu, balançou a cabeça, disse que iria perguntar.

"Bem, melhor dar lugar para outra pessoa", disse eu, me espremendo para passar por ele como se tivesse acabado de quebrar o recorde mundial de levantamento de supino e de repetições de exercícios.

11.

Todo mundo no navio trabalhava por muitas horas, todos faziam isso sem reclamar e sem sinais evidentes de estresse — embora alguns parecessem bastante cansados —, mas ninguém teria recebido a notícia da introdução de um novo dia de trinta horas com tanta alegria quanto a comandante Kimberly Toone, a oficial médica sênior do navio. Ela era essa coisa rara: uma pessoa de alta energia com nada, nem de leve, de maníaca; era só que ela estava de muito bom humor o tempo todo — é provável desde o dia em que chegou quicando neste mundo. Em sua mesa, tinha um pote cheio de doces; não parei de me servir deles no decorrer de nossa conversa, consciente de que aquele era o sabor mais agradável que tinha em minha boca desde que chegara a bordo.

"Então", disse eu, mastigando docemente, "conte-me tudo — os contratempos, os acidentes, os ferimentos. Como é um dia normal aqui na Crimeia?"

"Eu diria que, em média, há quatro acidentes por dia. Dez acidentes menores no dia mais movimentado. São principalmente coisas como dedos da mão esmagados, tratores passando por cima de dedos do pé. Nesta mobilização, não houve nada com risco de morte em termos de acidentes."

A coisa dos dedos esmagados não foi nenhuma surpresa. Assim como os homossexuais têm um *gaydar* altamente eficaz, eu desenvolvi ao longo dos anos uma espécie de sexto sentido na área de saúde e segurança. Detecto possíveis acidentes e lugares de confusão, sem nem precisar experimentar. Eu sabia que as escotilhas, particularmente as que exigem uma manobra bastante complicada com alças alavancadas, eram letais quando se tratava de dedos (em especial se houvesse uma diferença de pressão de ar do outro lado). Era por isso que, sempre que possível, eu deixava que o guarda-marinha Newell ou o fotógrafo as abrissem e fechassem quando fazíamos nossas rondas. Eles nem desconfiavam de minhas intenções; apenas acontecia de eu estar com as mãos sempre ocupadas (com caderneta de anotações, garrafa de água e caneta).

"E, depois, tem as lesões faciais", continuou Kimberly despreocupadamente. "Gente que não presta atenção e entra em elerões ou estabilizadores horizontais e bate com o nariz. Alguns são como um fio de navalha. Tivemos há pouco tempo um sujeito que cortou o nariz de um lado ao outro."

"Eu vi esse cara", disse eu. "No meu primeiro dia!"

"Esse pode ter sido o cara que foi atingido no rosto por uma garrafa de cerveja, quando estávamos em Jebel Ali, então é uma história diferente."

"Ah."

"Em termos de acidentes, o que acontece aqui é mais ou menos o que se esperaria de um ambiente industrial."

Não era a primeira vez que eu ouvia descreverem o porta-aviões como "um ambiente industrial". Na minha adolescência, a expressão "complexo industrial-militar" costumava aparecer bastante, e suponho que, estritamente falando, estávamos em um ambiente industrial-militar, mas o que me surpreendia agora era que eu nunca quisera passar um minuto sequer em um ambiente industrial (eles são barulhentos, cheios de graxa, lugares perigosos) e ainda assim eu tinha me voluntariado para isso, um lugar que também era extraordinariamente vulnerável a infecções e surtos (o que, na minha vida normal, tomo o maior cuidado para evitar). Em termos de risco de infecção, estar em um porta-aviões é como viver o tempo todo no metrô — mas um metrô que quase nunca para numa estação e recebe pouquíssimos passageiros novos; no fim das contas, essa analogia talvez não seja tão útil. Ainda assim, continuou Kimberly, fazer as pessoas se vacinarem contra a gripe logo que a vacina ficou disponível foi uma questão de certa urgência.

"Sabe, vacinamos todo mundo contra a gripe em 72 horas. 5 mil pessoas em 72 horas é uma vacinação e tanto."

"A agulha deve ter ficado bem rombuda no final."

"Dobrada como um cabide. E bem entupida com sangue também. Mas nosso grande sucesso nessa mobilização foi o micróbio de Bahrein."

"Conte-me sobre o micróbio de Bahrein", pedi, esticando a mão para pegar mais doces. Eu já não estava pegando um de cada vez, mas aos punhados.

"Tivemos um surto de diarreia quando saímos de Bahrein em agosto. Gastroenterite viral epidêmica." Kimberly sorrira durante toda a nossa conversa, mas agora seu rosto se iluminou como se estivesse prestes a me contar que sua filha ganhara uma bolsa de estudos integral para Harvard. "Quinze a 20% da tripulação foi afetada — ou pelo menos foi até o médico. Além disso, houve um monte de emergências decorrentes do vírus: pessoas que ficaram desidratadas e desmaiaram, porque, afinal, estamos em um ambiente desidratante. Tenho mestrado em saúde pública, então esse é o tipo de coisa que conheço — e o que sei é que é muito simples lidar com isso. A grande coisa que nos ajudou a lutar contra o vírus foi virar as colheres para o outro lado, de modo que a tripulação não podia servir-se nos refeitórios. Isso impediu que ele se espalhasse. Se quem tem o vírus toca na colher, ele passa para todo mundo que vem depois. Tivemos de brigar um pouco com os marinheiros. Dizer para eles o que vestir, quando dormir, o que fazer. Comer é uma daquelas coisas que, tipo *sou eu*, é a minha vez. E você está tirando a capacidade deles de escolher, tirando esse último resquício de independência. Então, tivemos muita resistência. Mas dentro de três ou quatro dias, nossos sintomas foram cortados pela metade."

Eu tinha consciência aguda de duas coisas: primeiro, que estava enfiando minhas mãos nuas no pote de doces; segundo, o alívio por não estar a bordo quando o vírus de Bahrein atacou, tendo especialmente em conta os problemas com o sistema de vácuo que punha os banheiros fora de ação. Eu já estava investindo muita energia em não bater minha cabeça e uma boa quantidade de astúcia em garantir que, se os dedos de alguém viessem a ser esmagados por escotilhas, seriam os do fotógrafo ou de Newell, não os meus. Após esse encontro com a médica, acrescentei outra precavida carta na minha manga: sempre procurar dispensadores antibacterianos, nunca deixar passar uma chance de higienizar as mãos como se estivéssemos atracados no porto de Oran de Camus, uma cidade nas garras da peste e da pestilência.

12.

A ponte: aquele lugar tão filmado onde John Mills ficava na batalha do Atlântico, alma e cabeça descobertas aos elementos, com um suéter de gola rulê encharcado, arrasado pela guerra, "esta maldita guerra", como ele a chamava. Aquela guerra — a Segunda Mundial — se infiltrou profundamente em nossos poros e cérebros quando éramos crianças. Lembro-me de meu amigo Nigel Raeburn e eu voltando da escola para casa de ônibus: deck superior, primeira fila — a ponte! Tínhamos doze anos na época e Nigel começou a cantar: "Quando esta maldita guerra sangrenta acabar...". Ele não estava cantando uma música do jeito que poderia cantar o mais recente sucesso de Rod Stewart: estava canalizando o combalido espírito da resiliência britânica durante a guerra. Era como se uma máquina do tempo o tivesse levado de volta a 1941 e ele estivesse perdido em um devaneio sobre a solidão e a futilidade de estar separado de sua namorada de seios fartos que poderia ser a própria Vera Lynn. A parte mais estranha da história talvez não seja que ele era capaz de voltar trinta anos desse modo, mas que eu sou capaz de voltar quarenta anos com tanta facilidade.

65

Posso ouvi-lo e vê-lo agora com seus cabelos ruivos e lábios rechonchudos, tão claramente como se eu estivesse lá, na ponte daquele ônibus, em vez de na ponte do USS *George Bush*. A ponte do *Bush* era fechada, é claro, não como aquela ao ar livre em que John Mills galantemente interpretava seu papel. Havia uma dúzia de pessoas ali, todas fazendo alguma coisa. Grande parte dessa atividade consistia em olhar pela janela, e uma parte desse olhar era feito com binóculos. Aviões decolavam em relativo silêncio do outro lado do vidro, espécimes libertados de um aviário tecnológico. Tudo tinha uma aparência contemporânea, mas também estava impregnado de tradição, como quando um marinheiro anunciou de repente: "Capitão na ponte!". Como todo mundo, prestei atenção, mais ou menos. O capitão Brian Luther estava ali para fazer seu discurso diário à tripulação, mas primeiro advertiu alguém a respeito de uma impertinência grosseira: "Não quero ouvir nada sobre os Pittsburgh Steelers na minha ponte".

O capitão começou sua fala confirmando o que todo mundo sabia: que era "mais um dia magnífico no mar". O truque não era apenas repetir exatamente a mesma coisa, mas restabelecer a mesma ideia — outro dia magnífico no mar — por meio de pequenas variações. Desse modo, a tripulação do navio ficava atenta a cada palavra dele, sempre curiosa para saber exatamente qual era a versão da excelência que fora alcançada e experimentada em determinado dia, atribuindo-lhe assim um caráter especial dentro do contínuo ininterrupto da sempre melhorável magnificência.

O Avenger of the Day — desse lindo dia — era Stremmel, um magricela de 22 anos que o capitão convidou a sentar-se na grande cadeira "e dirigir o navio um pouco". Enquanto Stremmel conduzia o navio, o capitão explicou à tripulação que ele (Stremmel) se oferecera voluntariamente para turnos extras, fizera isso e aquilo, e era — isso também fazia parte do encanto diário — "um exemplo notável de liberdade no trabalho". Outra parte boa desse pequeno ritual era que os Avengers podiam ligar para casa e contar a seus namorados ou namoradas ou seus pais que estavam sendo homenageados dessa maneira. O anúncio pelo capitão do Avenger of the Day não terminava com um aceno de aprovação hierárquica, mas um simpático e democrático "bom trabalho, companheiro". Nesse instante, o capitão e o Avenger eram iguais, e renovava-se a promessa de que qualquer uma das 5 mil pessoas a bordo tinha a chance de alcançar uma relação semelhante e, em última análise, se tornar não apenas beneficiária do prêmio, mas seu outorgante.

13.

No jantar daquela noite, realizei uma de minhas ambições investigativas: conheci alguém mais alto do que eu. Mais alto e mais largo. O HMSC* Mitchell era um afro-americano imenso, que parecia ter sido definitivamente reconfigurado por viver em um porta-aviões. Ouve-se dizer de certos indivíduos corpulentos e atarracados que eles não têm pescoço. Bem, Mitchell *tinha* um pescoço, no sentido de que costumava ter um, mas tendo em vista que era tão útil nos corredores rebaixados do porta-aviões quanto o de uma girafa, ele havia conseguido, graças a uma forma acelerada de evolução individual, internalizá-lo quase inteiramente, enterrar o pescoço dentro de seus ombros. Isso deve ter causado algum desconforto, mas que era provavelmente menor do que a dor de romper com frequência a cabeça (embora, a julgar pela abundância de cicatrizes e galos, isso não tivesse sido de todo evi-

* HMSC: *Senior Chief Hospital Corpsman*, posto da hierarquia da Marinha americana, que pode ser traduzido livremente por "praça especialista chefe sênior de serviços médicos" (uma espécie de paramédico).

tado). O procedimento seria reversível? Quando ele saísse do porta-aviões e voltasse ao céu aberto de Norfolk, Virginia, seu pescoço reemergiria, como quem sai da hibernação, e lhe possibilitaria voltar a andar com a cabeça tão erguida quanto a natureza pretendera?

Ele era tão grande, afirmou outro membro da tripulação, que seu beliche tinha um comprimento especial, o que parecia extremamente atencioso da parte da Marinha. Mitchell, rindo, negou isso. Não, ele apenas engolia a coisa: dobrava-se no beliche como se ele mesmo fosse uma cama dobrável e aprendera a dormir sem se mexer muito.

A supressão da possibilidade de reclamação e ser forçado a engolir sapo podem ter um efeito libertador. Não havia *wi-fi* no navio e as contas de e-mail usuais — Gmail e Hotmail — não podiam ser acessadas. Então, tive de passar por um procedimento minucioso para obter um endereço de e-mail naval especial que eu acessava todos os dias, após o jantar, na biblioteca do navio. A biblioteca era uma espécie de santuário, embora a televisão que sempre exibia filmes em volume alto não levasse a imaginar isso. Não, a pista estava nos acréscimos detalhados às "Regras de Convivência". Essas regras declaravam que

Qualquer demonstração de afeto entre companheiros a bordo do navio... é rigorosamente proibida.
Lugares isolados a bordo do navio estão interditados para qualquer encontro entre homem e mulher.

Na biblioteca, as especificidades proibidas eram detalhadas:

Ver filmes em proximidade íntima no computador ou leitor de DVD

(*deve-se manter a distância de trinta centímetros entre indivíduos*).
"*Descontrair*" *em proximidade íntima*.
Apoiar-se ou encostar-se em outra pessoa.

A biblioteca estava bem abastecida de livros, mas a principal atração era a disponibilidade de laptops, apesar de estarem raramente disponíveis. Havia sempre espera pela liberação de um deles e, depois, mais espera para entrar on-line com sucesso. A minha conta era particularmente difícil de usar e, nessa ocasião, ela congelou quase na hora que acessei o sistema. Liguei para o cara de TI, que disse que seria necessário reconfigurar minha conta, o que levaria cerca de quinze minutos — quando eu já teria de estar em outro lugar para uma reunião. Este é o tipo de coisa que, na vida normal, pode me deixar completamente louco. Isso é um eufemismo. Uma fração desse aborrecimento pode me levar a fazer algo muito... "infantil" é a palavra preferida de minha mulher. Infantilidade, ali, não era uma opção. Por dentro eu estava gritando, mas não uivei nem me lamuriei, nem sequer ergui a voz. Eu estava com hemorragia de lágrimas, minha cabeça era um balão cheio de sangue bombeado. As pessoas falam da névoa vermelha, mas eu meio que via o sangue vermelho brotando atrás de meus olhos, como a superfície do oceano vista através de um periscópio de submarino. Mas eu engoli. Empurrei a cadeira para trás e me afastei do computador. Me imaginei pegando a cadeira e jogando-a no computador; em vez disso, me aproximei do balcão e falei educadamente com a bibliotecária. Disse por favor e obrigado. Meu rosto era o de um *serial killer*. Eu engoli.

Fiz um bom trabalho, pois a pessoa com quem eu ia me encontrar era ninguém menos que Brian Luther, o capitão. Ele e dois amigos estavam sentados em cadeiras dobráveis numa passarela a estibordo, fumando charutos no escuro. O mar não era nada além de escuridão. Eu não conseguia enxergar o rosto de ninguém, apenas as esferas vermelhas de seus charutos. Então, um membro da tripulação armou uma linha de luzes azuis feéricas; ainda era difícil de enxergar, mas de uma forma suave e romântica. Com o capitão estavam Jeff Davis — comandante da Ala Aérea, o equivalente do capitão no comando dos aviões e dos pilotos, da mesma forma que o capitão estava no comando do navio e dos marinheiros — e o adjunto de Jeff, Dan Dwyer. Jeff tinha cinquenta anos; Dan, 44, e o capitão, 49. Eu conseguira encontrar alguém mais alto do que eu, mas ainda não encontrara ninguém mais velho. Estávamos todos sentados em linha, de frente para o mar.

O capitão, descobri nesse ambiente íntimo, era alguém cuja vida encarnava compromisso e esperança em escala reduzida. Queria ser um astronauta, mas se resignara a comandar um porta-aviões (ou "dirigir o navio", como sempre dizia). Uma das coisas que o desviaram de sua ambição de astronauta foi se apaixonar pelo "balé" da aviação embarcada. Foi reconfortante ter minhas primeiras impressões sobre o convés de voo confirmadas por uma autoridade superior. Tal como seus dois camaradas, o capitão havia acumulado mil horas como piloto de porta-aviões; Jeff e Dan haviam "pilotado caças sobre a praia em combate". Eles ainda participavam de missões dia sim dia não, mas estavam chegando perto do final de seus dias de voo. Perguntei a respeito disso, sobre a relação entre envelhecer — ou entrar na meia-idade — e os avanços tecnológicos que estavam transformando o que significava pilotar um avião e ser um piloto. Era verdade, disse o capitão, mas a experiência deles contava muito. Dan, ressaltou ele, tinha mais de mil pousos em porta-aviões a seu crédito. Isso resultava em muita habilidade, muita emoção — e um monte de sustos. Eu podia ver as formas de seus rostos levemente iluminados quando fumavam os charutos, mas não conseguia saber quem estava fa-

lando. Não importava, porque todos eles concordavam em uma coisa: tudo a respeito do trabalho deles era divertido. Eram como crianças, os três, ainda encantados com o fato de dirigir e voar naquelas máquinas incríveis. Mas também levavam a sério dedicar a vida a serviço de alguma coisa (embora eu não saiba qual deles disse isso) "maior do que eu".
"É uma profissão respeitável", disse uma voz na escuridão azulada.
"Uma profissão honrosa", disse outra.
Eu não estava no navio havia muito tempo, mas entendi o que eles queriam dizer e acreditei nisso totalmente. Perguntei o que estavam fazendo e onde estavam quando aconteceu o Onze de Setembro.
"Eu estava no *Enterprise*", disse o capitão. "Havíamos deixado o Golfo no dia 9 e íamos em direção ao sul, para uma escala na África. Então veio o Onze de Setembro e o comandante do navio ficou de olho no que estava acontecendo. Ele deu meia-volta no navio e seguiu em direção à costa do Paquistão. Quando percebeu que o navio voltava, toda a tripulação aplaudiu. Quando acontecem coisas, o presidente pergunta: 'Onde estão os porta-aviões?'. Fazemos parte dos eventos mundiais, parte da história enquanto ela é feita. Se algo acontece, vamos para onde a história é construída. Nós somos a ponta da lança."
"Mas você não precisa falar com caras mais velhos como nós sobre isso", disse Jeff. "Há um monte de pessoas neste navio que estão nele há dez anos. Garotos que estavam no interior, que nunca tinham visto o mar e que, quando aconteceu o Onze de Setembro, disseram: 'Eu vou fazer a diferença'. Sem necessidade de sorteio militar ou recrutamento."
"Por falar nesses garotos", eu disse na direção do capitão, "o Avenger of the Day foi ideia sua?"
"Não, isso já existia antes de eu assumir o comando. Mas é

interessante, porque em geral esses garotos querem ficar *longe* do capitão!" Como eu *gostava* daqueles caras, da facilidade com que iam de falar totalmente sério sobre servir seu país à pura brincadeira. "O que eu introduzi foi o telefonema para casa. Mas isso também pode sair pela culatra. A mãe pega o telefone e diz algo como 'O que ele fez agora?'."

Ficamos ali sentados em fileira, rindo e olhando para o mar escuro como a noite.

14.

Eu havia aperfeiçoado minha rotina de fim de dia. Às 2140, vestia meu roupão felpudo, punha meus chinelos, trotava até o banheiro, onde tomava um chuveiro rápido, me secava e disparava de volta para o quarto. Durante dez minutos, ficava no meu beliche lendo *Aircraft Carriers: A History of Carrier Aviation and Its Influence on World Events* [Porta-aviões: Sua história e sua influência sobre eventos mundiais], volume I (1909-1945), de Norman Polmar, até que a historinha e a oração chegassem pelo Circuito Principal pouco antes do Apagar das Luzes. Às vezes as histórias eram brincadeira (um pouco de *Charlie Brown* sobre um campo de abóboras e nada mais que sinceridade, até onde a vista alcança), outras vezes eram um pouco bregas: coisas sobre dançar como se ninguém estivesse olhando, amar como se você nunca tivesse sido ferido. Mas eu sempre adorava o pedaço seguinte: a oração, quando se agradecia a Deus por conceder resistência aos que estavam de vigia, por trazer descanso aos olhos cansados e àqueles que sofriam de exaustão. Depois disso eu apagava a luz do meu beliche e me deleitava com o luxuoso fato de estar em meu próprio quarto, com sua garantia de sono e descanso. Algumas noites eu ficava acordado uma eternidade, pensando em como era bom ter um quarto só meu, no qual eu podia desfrutar de uma noite de sono.

E em algumas noites eu ficava deitado em minha cama pensando sobre o estranho privilégio de ter ido parar ali. Perguntado, nove meses antes, se havia "algum lugar incomum e interessante" em que eu gostaria de ser escritor-residente, não hesitei: um porta-aviões americano, senhor!

Tinha de ser americano: por questões circunstanciais, porque no momento, nós, os britânicos, não temos porta-aviões; e pessoais, por causa dos sotaques, os sintomas audíveis da hierarquia de cima para baixo, de ricaço a proleta, que são tão claramente óbvios nas Forças Armadas britânicas. Se estive nos Estados Unidos por um tempo e estou prestes a voar de volta de JFK ou LAX para LHR, fico deprimido quando ouço de novo uma concentração substancial de sotaques britânicos. Trancar-me num porta-aviões britânico — se houvesse um — teria sido me condenar a estar numa versão encolhida do nosso reino insular (que é visto muitas vezes como uma espécie de porta-aviões gigantescamente expandido). Uma temporada em um navio dos Estados Unidos, por outro lado, seria como ficar em uma pequena cidade americana (ainda que organizada conforme uma hierarquia invulgarmente clara), cercado por vozes americanas, cordialidade americana, polidez americana, *americanos* americanos. Eu sabia que isso seria uma fonte de prazer e felicidade.

A atração por um porta-aviões — ao contrário de um navio de guerra dos Estados Unidos, de um banco ou de um hospital, ou qualquer outra instituição que poderia ter me hospedado — era igualmente simples. Eu nasci em 1958 e, como a historieta sobre mim e Nigel Raeburn na ponte do ônibus ilustrou, minha infância foi dominada inteiramente pela Segunda Guerra Mundial. Eu adorava aviões, em especial aviões militares, a Batalha da Grã-Bretanha em particular. Como quase todos os outros meninos de minha idade, as longas horas gastas fazendo e pintando mal modelos Airfix significavam que eu tinha um conhecimento enciclopédico de aeronaves da Segunda Guerra Mundial. Esse know-how de observador de aviões era apoiado por uma ideia limitada e por vezes ilusória da utilização deles: Stukas bombardearam em mergulho cidades polonesas, Hurricanes e Spitfires lutaram contra Heinkels e Dorniers nos céus anglo-azuis de 1940, os de Havilland Mosquitoes do Esquadrão 633 atacaram uma fábrica de combustível para foguetes V2, Lancasters arrebentaram a barragem do Möhne e destruíram alvos industriais no vale do Ruhr, Mitsubishi Zeros carregados de bombas mergulharam em porta-aviões americanos. Dentro da narrativa da Segunda Guerra Mundial — libertar o mundo da tirania de Hitler e dos japoneses — eu também tinha uma ideia da estratégia maior na qual essas aeronaves desempenhavam um papel. Essa compreensão ampliada praticamente acabava com a chegada do caça a jato (Messerschmitt 262 e Gloster Meteor) e o fim da guerra. Continuei fazendo modelos de jatos posteriores — o Dassault Mirage, o Blackburn Buccaneer, o English Electric Lightning, entre outros —, mas não sabia o que eles fizeram ou onde e por que foram mobilizados. Eles apenas voavam com rapidez incrível e pareciam fantásticos em estandes de acrílico. Meu modelo favorito era o McDonnell F-4B Phantom de dois lugares, um jato que era ao mesmo tempo elegante e densamente carregado de armamentos. E não só armamentos: também era denso em decalques: NAVY no lado da fuselagem, raio vermelho entalhado ao longo do topo, até a barbatana caudal, insígnia redonda com a bandeira americana nas asas e perto da turbina. A caixa mostrava um Phantom prestes a decolar de um porta-aviões, pós-combustão em chamas, enquanto rolava pelo convés de voo o vapor de um lançamento que ocorrera poucos segundos antes — exatamente o tipo de cena a que eu acabaria assistindo todos os dias no *George Bush*. Tal como os demais jatos — os Buccaneers e Mirages —, eu não tinha ideia do que faziam os Phantoms reais no céu do Vietnã no mesmo momento em que eu fazia em casa versões deles em escala 1:72. É óbvio que algum tipo de compreensão — destruir um país, ganhar batalhas em uma guerra perdida — veio mais tarde, mas a embriaguez estética de jatos militares nunca foi embora. Mesmo quando eu e meus amigos estávamos ocupados em nos opor à Guerra das Malvinas, também sentimos uma onda de orgulho aeronáutico baixo imperial quando os Sea Harriers ("Contei todos quando partiram e contei todos quando voltaram"),* lançados do HMS *Invincible* e do HMS *Hermes*, tiveram desempenho eficaz contra as defesas argentinas. No início dos anos 1990, depois que o colapso da União Soviética tornou muitos aviões militares redundantes em termos operacionais, eu pulei de cabeça na chance — uma espécie de ejeção inversa — de voar em um MiG-29 sobre Moscou.[1] Isso, como as crianças dizem, foi muito legal, mas uma vez que todo o poder devastador e o glamour da aviação militar estavam concentrados em um porta-aviões, eu queria estar lá também, na ponta da lança — ou pelo menos na primeira fila.

E talvez houvesse outra coisa. Quando menino, eu adorava guerras e soldados. Perdi essa paixão inteiramente saudável e, quando estudante e adulto, minha vida começou a assumir o

---

* Frase famosa de um jornalista da BBC durante a Guerra das Malvinas, que começa com "Não tenho permissão para dizer quantos aviões participaram do ataque, mas...". Desse modo, ele driblou a censura, ao informar que todos os aviões que partiram voltaram ilesos.
1. Na improvável hipótese de que alguém queira saber mais sobre isso ou sobre meu antigo amor por modelos de aviões, ver os ensaios "The Wrong Stuff" e "The Airfix Generation", em *Otherwise Known as the Human Condition* (ed. americana) ou *Anglo-English Attitudes* (ed. inglesa).

oposto de uma inclinação militar no sentido de que, através de uma combinação de ambição passiva e sorte, me tornei, como os adultos dizem, patrão de mim mesmo. Livre da cadeia de comando do escritório, adquiri um tipo estranho de autodisciplina — quase indistinguível da autocomplacência — que se tornou uma segunda natureza. Mas durante as tardes em que não conseguia escrever e nas noites em que não me sentia com nenhuma compulsão para tentar fazê-lo, eu lia cada vez mais sobre forças militares, ficando cada vez mais fascinado por um mundo que era o completo oposto do meu. Fiquei obcecado em particular pelo Corpo de Fuzileiros Navais americano, a tal ponto que, de um jeito meio suavemente iluminado pelo abajur, sentado em uma poltrona, comecei a me perguntar se, em outra vida, eu poderia ter entrado para os Fuzileiros, poderia ter usado corte de cabelo escovinha e ter "Semper Fi" tatuado em um antebraço devidamente musculoso. Na verdade, quando disse que não hesitei a respeito de querer estar em um porta-aviões, não fui muito preciso: hesitei entre a possibilidade de ser escritor-residente em um porta-aviões ou em Camp Pendleton, a base dos Fuzileiros Navais próxima de San Diego, Califórnia. Hesitei e titubeei. Eu nem sabia se eles me deixariam entrar em Pendleton (onde a comida, imagino, é ainda pior do que no *Bush*), mas no fim optei por um porta-aviões. Deu certo, eles me aceitaram a bordo, e foi assim que acabei em meu beliche, no meu quarto, rascunhando este texto.

15.

Que diferença uma consoante e uma vogal podem fazer! Tendo estado na *bridge*,* lá em cima, na tarde anterior, na manhã seguinte fui levado até a *brig*,** lá embaixo. Eu já ouvira a palavra, em filmes, nunca na vida real, e agora estava vendo uma, vendo uma *brig* (embora a palavra desse a impressão de exigir que fosse precedida por um artigo sólido e definido, e não um artigo indefinido, como se houvesse só uma *brig* — a *brig* — que se manifestasse de diferentes formas, em diferentes contextos). *Brig*: a palavra tinha seu próprio glamour, era uma metáfora de alta segurança para o tipo de rebelião carismática encarnada por Jack Nicholson em *A última missão*, ou — ampliando um pouco o alcance linguístico — Paul Newman na solitária, em *Rebeldia indomável*, ou Steve McQueen definhando no xadrez em *Fugindo do inferno*. Nesses casos, o confinamento físico existe para demonstrar uma

* *Bridge*: ponte.
** *Brig*: prisão militar, principalmente de navios da Marinha americana.

recusa em ser psicologicamente confinado, a liberdade inabalável do espírito rebelde que não se submete à autoridade.

A responsável pela *brig* era a suboficial Young, uma mulher baixa e sensata, de óculos com armação de metal e cabelo puxado para trás, em um caprichado coque carcerário. Tinha sido mãe aos vinte anos, fizera dois anos de faculdade, casara-se aos 28, foi assistente de professor, trabalhou com paisagismo e varejo e ingressou na Marinha aos 32. Era como se fosse uma vida levada de trás para a frente, ainda que somente agora ela estivesse realizando sua ambição de longa data: "Eu sempre quis trabalhar em órgãos de aplicação da lei". Uma estranha ambição até a gente considerar que um bom número de pessoas persegue o objetivo oposto — de transgredir as leis — desde a juventude com dedicação semelhante.

Antes de eu dar uma olhada nas celas, a suboficial Young me explicou o que era preciso fazer para acabar naquele lugar. Pequenos delitos significavam que o transgressor seria posto em restrição.

"Que tipos de crimes são esses?", perguntei.

"Falsificar os diários, atraso persistente, dormir na guarda, responder a um oficial, desrespeitar um oficial, ofendê-lo com um palavrão, usar um palavrão para dizer como ele está agindo."

"E a palavra 'restrição', o que significa?"

"A restrição exige que você compareça à revista e responda à chamada várias vezes ao dia. Você provavelmente já os viu em fila no convés do hangar."

De fato, eu os havia visto poucas horas antes, enquanto uma aula de ginástica estava em andamento e todo mundo cuidava de suas tarefas ou consertava aviões. Eles estavam em posição de sentido, claramente lamentando o adicional de aborrecimento ao qual estavam sendo submetidos. Tudo no sistema de disciplina da Marinha anunciava as vantagens de não se envolver em confusão.

Melhor engolir a restrição e depois sair, e desfrutar isso como um prazer e um bônus, em vez de engolir tudo o que vem pela frente na camada abaixo da restrição. É preferível melhorar a piorar. Mas nem todo mundo faz isso.

"Falte a três revistas e você ficará aqui a pão e água por três dias. Crimes mais graves, você pula a restrição e vem direto para cá."

"Tais como...?", perguntei (imaginando-me sendo arrastado para a prisão por jogar uma cadeira na tela de um computador).

"Agressão física. Tendências homicidas. Se alguém no convés de voo ficasse realmente louco e tentasse espetar alguém com uma chave de fenda, ele estaria aqui."

"Isso aconteceu?"

"Não. Mas poderia."

Faminto por fofocas, por anedotas, perguntei à suboficial Young se ela poderia me dar exemplos de coisas graves que tinham acontecido.

"Com todo o devido respeito, não tenho autoridade para descrever ou discutir casos concretos."

Senti-me como se tivesse sido repreendido, como se tivesse dado um passo hesitante rumo à confusão, rumo à prisão (na qual eu já estava). Sempre odiei levar bronca. *Se você não vai me dizer, então que palavrão estou fazendo aqui?*, pensei comigo mesmo. Enquanto isso, a suboficial Young me contava sobre outra categoria de detento: prisioneiros de guerra inimigos. Gostaria de ver alguns deles, talvez até cutucá-los com uma vara por trás da segurança das barras da cela, mas o calabouço estava totalmente desprovido de prisioneiros, amistosos ou hostis.

Dentro da prisão havia duas celas individuais e uma grande cela-dormitório que podia abrigar quinze detentos. Estudei ambas com o olhar avaliador de um corretor imobiliário. Embora um tanto básicas, as acomodações se beneficiavam de um alto grau de segurança. Não havia janelas, mas uma vez que quase ninguém tinha vista para o mar, isso não representava uma diminuição dos privilégios desfrutados em outras partes do navio. Em certo sentido, a prisão não representava um afastamento, mas uma extrema concentração da experiência no porta-aviões. Para todos, com exceção dos pilotos e da tripulação dos helicópteros, o porta-aviões era uma espécie de navio-prisão. Então, imagino que a verdadeira punição de estar na prisão seria o tédio aniquilador. Havia uma TV na cela-dormitório. Não sou advogado, mas é possível que o acesso à TV seja um direito constitucional, ainda que um aparelho ligado pareça uma violação dos direitos humanos, possivelmente uma forma de tortura.

Ganhamos a companhia do suboficial Heath. Ele se alistou na Marinha aos 23 anos, porque "o ambiente em casa não prometia muita coisa". Antes da Marinha havia construído reboques, dirigido carretas, saltado de uma coisa para outra. Estava com 28 anos agora, com quatro filhos em casa.

A vida irônica dos guardas prisionais saltava aos olhos. Eles não tinham hóspedes, mas eram obrigados a passar seus dias na cana. Dirigiam um estabelecimento profundamente malsucedido, cuja falta de movimento era o preço pago pelos grandes êxitos em outros lugares da cidade. Do meu ponto de vista, seria muito melhor se a prisão estivesse ocupada por marinheiros no processo de punição ou, de preferência, por um suspeito da Al-Qaeda, um daqueles caras com barba preta brilhante e uma expressão suave, cujos olhos se inflamam sombriamente com alguma fé implacável e que — até onde sabíamos — era apenas um muçulmano devoto e pai carinhoso.

"Então, o que vocês fazem quando não têm clientes?"

"Antes de você chegar, eu estava retocando a pintura", disse a suboficial Young.

"Eu limpo", disse o suboficial Heath.

O lugar estava muito limpo e resolutamente vazio, um dos

poucos lugares no navio cuja finalidade pretendida o tornava redundante (em comparação com as cozinhas trabalhando a todo vapor ou o convés de voo levando suas pancadas diárias). Era um espaço pequeno, tão pequeno que parecia estranhamente cheio de si mesmo, entulhado de função não utilizada. A prisão continha até sua própria legenda, sob a forma de uma esponja sem uso, na pia impecável, com BLOCO PRISIONAL impresso em letras grandes. A última coisa que fiz antes de sair da prisão — arriscando-me assim a outra reprimenda — foi perguntar se poderia levar a esponja para casa como suvenir.

16.

Depois de cumprir meu tempo de prisão — cerca de quarenta minutos — eu quis conhecer alguém que tivesse se metido em encrenca ou, pelo menos, estivera em restrição. Com sua habitual e infalível eficiência, o guarda-marinha Newell prontamente me providenciou um encontro com a YN2* Sonia Martin.[1] Quando entrei em seu escritório, Sonia não apertou minha mão. Ah, atitude, desde o início! Pois estava com um resfriado forte. O oposto de atitude, então, mais próximo de um senso altamente desenvolvido de cidadania e de prevenção de doenças, assim como o que impediu que o micróbio de Bahrein tomasse conta do navio, transformando-o em uma merda. Em Londres, em festas literárias, fui muitas vezes recebido com um beijo para depois a pessoa declarar: "Estou com um resfriado terrível". Portanto, me senti bem-disposto em relação a Sonia desde o início, embora tenha

* YN2: Yeoman Second Class, posto da hierarquia da Marinha americana, pode ser traduzido livremente por "suboficial de segunda classe".
1. Nome fictício.

mantido, naturalmente, minha cadeira o mais longe possível. Então, o que ela havia feito para ser posta em restrição?
"Desobedeci uma ordem legal."
Estendi meu braço direito, com a mão aberta, como se dissesse: "Somos todos amigos aqui, por favor, fale à vontade, é tudo *off the record*"; com a outra mão, tomava notas.
"Fui encontrada num espaço com meu marido na época. Nós estávamos dormindo, mas... Ele estava saindo da Marinha, estava em restrição, então estava preso no navio e eu fiquei com ele."
Havia um bom pedaço para desembrulhar nesse resumo compacto. Pedi a Sonia para voltar e dar mais detalhes. Eles se conheceram no navio, ele estava sendo expulso e eles se casaram pouco antes da data prevista para a expulsão. O navio estava ancorado em San Diego...
"Por que ele estava sendo expulso?"
"Drogas. Ele tomou metanfetamina junto com..."
"Outras drogas?"
"Outros amigos. A política na época era de tolerância zero, como agora. Mas as pessoas tomavam antes e continuaram a tomar e eu me meti com aquela turma. Depois disso, ele quis continuar usando drogas e eu queria ficar na Marinha, então nossos caminhos não combinavam."
"Qual era o trabalho dele na Marinha?"
"Ele era do controle de danos."
"Não parece o tipo de trabalho mais apropriado para alguém com os interesses de lazer dele."
"Eu sei. Não compreendo muito bem por que ele entrou para a Marinha."
Muitas pessoas do porta-aviões sorriam enquanto falavam comigo; algumas riam, mas as respostas de Sonia eram pontuadas com risadinhas como se ela se lembrasse constantemente do absurdo subjacente àquilo. Talvez seja uma das vantagens duradou-

ras de se meter com drogas. Mas quanto a estar em restrição — como foi isso?

"Foi péssimo, e o estigma de todo mundo vendo que você está na restrição é constrangedor. O trabalho extra não foi tão ruim. Não pude ir para casa no Natal. Não fui para casa nos feriados e isso foi muito ruim."

Nossa conversa foi interrompida por alguém que entrou com perguntas de trabalho para Sonia. Olhei em volta da sala, mas não havia nada a notar nesses escritórios de bordo. Mas espere... Aquilo não era um espelho e uma cédula enrolada do outro lado da mesa?... Haha, não, claro que não, era apenas uma nota que fiz para mim mesmo, para efeito cômico, enquanto Sonia conversava com seu colega.

Depois de responder às perguntas, Sonia retomou sua história e dei-lhe toda a minha atenção de novo. Foi só depois de ficar na restrição — perto do final de seu terceiro ano — que ela decidiu fazer carreira na Marinha. Antes disso, pretendia sair após os quatro anos para os quais se alistou — embora ela ainda atribua à decisão inicial de alistar-se uma mudança total em sua vida.

"Eu estaria morta ou na cadeia se não tivesse ingressado na Marinha. Houve um momento em que eu estava morando com um traficante."

Mais uma vez, era necessário esclarecer. "Morando com ele no sentido romântico?", perguntei.

"Ele não era meu namorado. Era colega de quarto de uma amiga."

"E ele era traficante de metanfetamina?"

"Não, traficava maconha. Mas não é um estilo de vida saudável."

"Sim", eu disse, fazendo uma de minhas tentativas condenadas ao fracasso de parecer inteligente. "Para começar, o telefone está sempre tocando."

"Bem, ele tinha um celular." É claro que ele tinha um celular que podia ficar no modo silencioso. Eu estava revelando a minha idade, pensando nos meus vinte anos, nos anos 1980, quando os traficantes tinham uma única linha fixa que ficava ocupada o tempo todo e tocava de novo na hora em que um cliente desligava.

"Eu estava morando em Kirkland, Washington, trabalhando na Domino's. As pessoas com quem eu morava não pagavam o aluguel, por isso fomos despejados. Comprávamos drogas em vez de pagar o senhorio. Era legal trabalhar na Domino's porque podíamos fazer o nosso próprio jantar, mas não era uma vida boa."

Eu quase disse: "É prático quando se tem larica", mas desisti. Em vez disso, perguntei a ela sobre como e quando ela havia entrado nas drogas.

"Terminei o ensino médio e me meti com a turma errada. Muita bebida e fumo. Meus amigos e eu gostamos de dirigir. Havia muita direção alcoolizada. Fumava enquanto dirigia."

Sonia crescera em Seattle, Washington. De certa forma, era perfeitamente normal — e não motivo para alarme — que quando adolescente gostasse de beber e fumar maconha. Isso, afinal, é o que os adolescentes *fazem*. É quando você junta o volante de um carro ao coquetel que as coisas se desviam para algum lugar potencialmente letal.

"De qualquer modo, tive de pegar uma permissão especial para entrar, porque tinha fumado maconha e isso estava na minha ficha. O recrutador disse, tipo: 'Você só fumou maconha três vezes...'. E na minha cabeça isso queria dizer 'em um dia', mas não completei a frase."

Todos nós rimos. Foi como um momento de empatia compartilhada e hilariante em uma sessão dos Narcóticos Anônimos em que você rememora os bons tempos de drogado, e eles parecem tão bons que você se pergunta se não podem até ter sido seus melhores momentos, em especial após a segunda vez que seu estômago foi bombeado e você acabou numa clínica de reabilitação, aquela antes da última.

"Fui presa antes de entrar para a Marinha. Esse foi o motivo pelo qual me alistei. Meus pais pagariam por tudo desde que eu entrasse para a Marinha."

"Eles estavam nas Forças Armadas?"

"Ambos estavam nas Forças Armadas." Gostei desse estilo de responder a uma pergunta: não com um simples "sim" ou "não", mas repetindo a pergunta como uma afirmação declarativa.

"Então eles ficaram contentes que você entrou para a Marinha?"

"Eles ficaram felizes que eu entrei. Eles não ficaram felizes quando me meti em confusão depois que entrei."

"*That figures*",* disse eu, feliz com a maneira como esses pequenos americanismos me vinham tão naturalmente no navio. "E quando você entrou, o que achou do campo de treinamento? Um choque para o sistema, suponho."

"A gritaria não me incomodava. A gritaria era apenas estúpida. Eu não gostava do treinamento físico e de acordar cedo." Óbvio que ela não gostava de acordar cedo. Acordar cedo não é o que chapados fazem. Sonia, tornou-se evidente no decorrer da nossa conversa, era extremamente adaptável. E esse era o problema.

"Eu sou uma seguidora. A pressão dos colegas é o diabo para mim. Aconteceu de o grupo em que entrei usar drogas. Então, usei também." E agora ela estava na Marinha, onde ser um seguidor era uma coisa boa — se o que você seguisse fossem ordens.

Depois que ficou em restrição e decidiu levar a sério a Marinha, Sonia percebeu que não gostava da maneira como se sentia quando fumava maconha. Isso fazia parte da grande reviravolta em sua vida, mas se a gente tirar algumas coisas do coquetel (vo-

---

* *That figures*: em português "dá para imaginar", coloquialismo norte-americano.

lante, Marinha, encrencas), verá que a trajetória descrita foi menos dramática e de forma alguma incomum — quase universal, na verdade. Embora normalmente citadas, as alternativas maniqueístas prisão ou morte são com frequência acompanhadas pela variação de uma terceira: apenas largar o negócio... Quase todo mundo gosta de fumar maconha por um tempo e depois, aos poucos, deixa de gostar. Ou pelo menos percebe que gosta mais de *não* estar chapado do que de estar. Desse ponto de vista, a vida anterior de Sonia não era uma aberração, mas exemplar: a ilustração perfeita de uma *fase*.

A voz de Sonia estava falhando, mas fora divertido falar com ela. Ela estava comprometida com uma carreira na Marinha, mesmo que a adequação não fosse absoluta. A Marinha tinha melhorado sua vida, mas não tinha reconfigurado sua personalidade e as potencialidades que possuía no mesmo grau de algumas pessoas com quem falei. Em geral, uma vida diferente da Marinha parecia inconcebível para as pessoas que estavam ali; ou melhor, *elas* pareciam inconcebíveis fora *dela*. Apenas um passinho imaginativo para o lado era preciso para perceber que o que parecia — o que *era* — totalmente impressionante com um uniforme poderia ser um pouco limitante e limitado fora dele. Sonia mantinha, ainda que apenas por aquela risadinha, o potencial de ruptura e de rebeldia para uma vida que não se submetesse a rotina, disciplina e ordens. O que tornava sua vontade de cumprir essas normas e regras ainda mais admirável. Perguntei quantos anos ela tinha e quais eram seus planos para o futuro.

"Tenho 28 anos", disse ela. "Gostaria de ficar para cumprir meus vinte anos completos. Me aposentar aqui como chefe."

Sua voz estava realmente gutural agora, o que não surpreendia depois de toda essa conversa, então fiz uma última pergunta, sobre seu ex-marido. Ela sabia o que ele estava fazendo?

"Da última vez que soube, estava trabalhando em um estúdio de tatuagem." Isso provocou uma nova rodada de risadinhas — um reconhecimento de que os absurdos da vida não impedem, às vezes, que ela adquira a perfeição formal de uma sonata — que se transformaram num grande ataque de tosse por parte de Sonia, o tipo de ataque que se tem depois de dar uma grande inalada num *bong*.

Um senso de propósito e ordem — sou até mesmo tentado a dizer, de narrativa — estava surgindo, espontâneo, de meu período no porta-aviões, graças a Paul, com quem eu havia estabelecido uma relação de camaradagem descontraída. Depois de ter conversado com uma ex-usuária de drogas, perguntou ele, estaria eu interessado em conversar com uma conselheira de drogas? Me pareceu uma excelente ideia, então paramos no escritório dela e combinei um horário para o dia seguinte.

17.

As salas dos oficiais de todas as esquadrilhas começavam da mesma maneira: fileiras de assentos largos alinhados diante de um quadro de comunicações e uma TV, dando-lhes a aparência de cabines de classe executiva de aviões, antes do advento das camas. Como todas as esquadrilhas embarcadas, os VFA-15 (Valions) tomaram esse modelo e o personalizaram o mais amplamente possível. Eles refizeram o piso em suas cores e com sua insígnia de leão amarelo. Montaram um sistema de som robusto para que pudessem tocar Boston, Linkin Park e uma banda que parecia uma versão brega do Slayer. Tinham também uma mesa de pebolim, um sofá e uma máquina de pipoca.

"Vocês fizeram um lugar legal aqui", eu disse para o oficial de serviço — que fazia às vezes de DJ e escolhia o filme da noite na TV — atrás de sua bancada de telas de computador.

"Sim, se tivéssemos um barril de chope, seria perfeito", disse ele. Não tinham um barril, mas tinham cerveja em garrafa. Sem álcool, é claro, porém apenas a ação de abrir a garrafa, arremessar a tampa no lixo e tomar alguns goles daquela bebida fria com cor de cerveja caía bem. Eu me peguei pensando nos pilotos em Kent durante a Batalha da Grã-Bretanha: entornando todas em noites longas no Dog and Duck e correndo para seus Spitfires na manhã seguinte, com os restos de ressaca ainda fritando uma boa parte do cérebro. Eu teria adorado aquilo lá e estava adorando aqui agora, tirando sarro, jogando pebolim, comendo pipoca e balançando ao som do Boston — embelezado de vez em quando por um pouco de guitarra imaginária de baixa intensidade de um dos caras.

Quando terminamos de jogar pebolim — caramba, eu tinha esquecido como esse jogo castiga a lombar —, me aproximei de um segmento da parede dedicado a fotos de esposas, namoradas e filhos do esquadrão, todas enviadas recentemente, com mensagens e anotações simpáticas. Havia uma foto de todas as esposas e namoradas juntas, em Norfolk, Virginia, em trajes formais para um jantar realizado na metade da mobilização, pago pelos homens. Seria desonesto se eu não observasse (na privacidade destas páginas, bem entendido; na ocasião, guardei o pensamento para mim) que algumas das mulheres eram bem bonitas, gostosas, para falar francamente, embora a parede não fosse para isso. Era uma coisa linda e saudável, a parede. Tudo em relação a ela era ótimo, mas me perguntei se um dos caras da esquadrilha não tivesse uma namorada, como se sentiria diante da parede, se ela o faria se sentir solitário e abandonado. Exceto que, olhando para a parede e fazendo um cálculo rápido, não parecia ter nenhum piloto sobrando (e, portanto, de fora). Nem todo mundo tinha filhos, mas todo mundo tinha um amor — e todos esses amores eram do sexo feminino. Estatisticamente, não se poderia dizer o mesmo a respeito do navio como um todo. Raça não parecia ser um problema no barco. Ter mulheres a bordo acabara por ser um dos grandes não problemas. E uma lei recém-aprovada tornava possível ser abertamente gay, acabando com o código anterior de "Não pergunte, não conte".[1]

Não houve relutância, no entanto, em contar e falar sobre a diferença entre voar sozinho e voar em aviões de dois lugares.

"Os aviões de dois homens são um piloto e uma mala autocarregável", disse um dos pilotos (apelido "Disney"), quando eu estava saindo correndo pela porta. Eu gostaria que ele elaborasse mais sobre isso, mas outro piloto (apelido "Lurch") estava me levando até a Fileira dos Abutres para assistir ao lançamento e à recuperação através de seus óculos de visão noturna.

Eu já estivera lá em cima — uma passarela no alto da ilha — uma vez, à luz do dia, e era *mesmo* como ser um abutre pousado em um fio telegráfico, esperando para ver o que acontecia com os outros pássaros. Não era preciso usar um cranial, apenas tampões

1. Que fique registrado: perguntei, mas ninguém falou. Ninguém respondeu ao meu pedido para conversar com alguém que fosse abertamente gay (e ninguém mencionou ser homossexual no decorrer de conversas sobre outras coisas). A explicação de Newell foi que esse também era um não problema, de tal modo que em relação a três das grandes áreas de intolerância e preconceito potencial, a Marinha era tão avançada quanto qualquer outra instituição da Terra. Exceto que havia certamente um grau de fricção ou incompatibilidade entre a direita cristã evangélica e o evangelho da liberdade de expressão sexual. Do mesmo modo, em referência a raça e gênero, não é preciso se assumir como negro ou mulher; há apenas o fato inalterável (dentro da razão) da condição física de alguém. Ao passo que declarar a orientação sexual é uma revelação do eu interior, da vida psicológica de alguém. Assim, as pessoas podem ter decidido que seria melhor se calar sobre uma coisa num mundo onde muitos outros assuntos são silenciados no interesse da direção tranquila do navio e para manter as relações humanas tão descomplicadas quanto possível. Em especial porque tudo em relação a sexo — o que significava principalmente viver sem ele — era silenciado. (Havia, é claro, outra possibilidade: o fato de ninguém querer falar comigo — ou, para ser mais preciso, ninguém querer usar um tempo de seus dias já muito ocupados para vir me contar que era gay — não significava que não estariam dispostos a contar para amigos ou colegas de dormitórios.)

de ouvido. Eu podia ouvir a voz do Chefe do Ar, mas com meus ouvidos tampados, não conseguia entender o que ele estava dizendo. Isso dava às suas ordens o aspecto incorpóreo do muezim num minarete, chamando os fiéis para a oração.

Mesmo sem visão noturna, era uma noite agradável: lua deitada, fiapos de nuvens, mar cintilante, poços de petróleo em chamas alaranjadas à distância, jatos atroando convés afora. Na escuridão, a violência das operações de voo se intensificava drasticamente. A turbina era um núcleo sólido de chama ardendo com tal ferocidade e força que parecia que o defletor de calor das turbinas derreteria como chocolate reforçado.

Lurch me passou os óculos de proteção. Ao pô-los, entrei no transe da visão noturna. Não precisei me acostumar. Podia ver tudo no convés: a equipe de terra correndo para lá e para cá e relaxando, a maquinaria afiada e inconfundível. Tudo verde, é claro, verde pontuado por muito branco, como a visão noturna é apresentada nos filmes, mas *muito* mais claro. (Eu não estava olhando para o mundo noturno através do tipo de óculos que se pode obter em uma loja de excedentes do Exército e da Marinha ou de um anúncio na quarta capa de *Soldier of Fortune*; tratava-se, suponho, dos melhores óculos que o dinheiro poderia comprar, provavelmente, o tipo de visão noturna que o dinheiro *não* poderia comprar.)

Depois que pousou, um piloto estacionou o avião e desceu a escada para saudar os membros da tripulação do convés de voo que tinham sido responsáveis por seu avião. Eles se agruparam ao seu redor. Ele bateu com o punho fechado no punho de cada um deles. A última coisa que fez, antes de desaparecer no convés, foi ir até a frente do avião e dar um tapinha de afago em seu nariz, como se o avião fosse um cavalo.

O mar era uma pradaria verde-cintilante. Lua e poço de petróleo ganharam círculos de luz branca ao redor. Lá em cima, onde antes não se via quase nada, havia uma multidão de estrelas, inimaginavelmente densa, mais luz do que céu, mais estrela do que não estrela.

18.

A manhã seguinte marcou o início de uma melhoria gradual no lugar e no que eu comia. Em vez de tomar o café da manhã na Sala dos Oficiais, fomos promovidos ao Flag Mess, o refeitório dos altos oficiais. Tudo estava bem mais de acordo. A mesa coberta com uma toalha branca engomada, os lugares eram marcados e os garçons recebiam nossos pedidos — ou pelo menos a gente assinalava o que queria em um pedaço de papel, que eles levavam e voltavam com nossa comida. O café era decente e o chá também. A desvantagem era que eu nunca me sentira tão nervoso em relação à etiqueta em minha vida adulta.

Havia dezesseis pessoas em volta da mesa, em roupas de voo, e uma variedade de uniformes, todos passando manteiga nas torradas e devorando ovos. Esse café da manhã era uma resposta altamente persuasiva ao Talibã: catorze homens e duas mulheres, uma das quais, sentada à cabeceira da mesa, era a contra-almirante Nora Tyson. Cinco mil indivíduos no barco e ela estava acima de todos. Digo isso, mas talvez a hierarquia fosse complicada pelo capitão e seu comando possessivo do navio. Embora ela estivesse acima dele na *Marinha*, o *navio* ainda era dele; será que a tradição decretava que enquanto estivesse ali, ela era uma espécie de convidada dele e a ele submetida, sem poder simplesmente subir a bordo e dizer: "Rumar para Abadan, vamos chutar uns traseiros iranianos"?

Minha omelete chegou e eu comecei a relaxar, em parte porque era uma bela omelete (com pimentão, cebola e tomate). Newell e eu estávamos mais para o fim da mesa; o lugar à minha direita estava vago quando cheguei, mas fora tomado por alguém cujo nome e patente deixei (como sempre) de registrar. Ele me deu a impressão de que ticava todas as opções possíveis do menu (esse é o tipo de coisa que eu registro) antes de apresentar o argumento mais sucinto a favor da eficácia dos porta-aviões que eu ouvira até então.

"Podemos aparecer em qualquer lugar e causar destruição 24 horas por dia", disse ele. Mas isso, na verdade, não era o início de um anúncio arrogante do poder marítimo americano. "As pessoas sabem tudo a respeito da nossa capacidade de fazer chover aço sobre suas cabeças", ele continuou. "Elas viram isso na TV durante vinte anos consecutivos. Mas, no caso de catástrofes naturais, quando a capacidade de funcionamento de um estado ou cidade foi destruída, podemos fornecer a continuidade das operações. Foi isso que o USS *Reagan* fez, desviando para o Japão após o tsunami."

Havia, é claro, um acrônimo para isso: MOOTW (Operações Militares Distintas da Guerra, na sigla em inglês). Eu estava prestes a repetir a minha piada AAI, mas a almirante estava saindo da mesa e todos nos levantamos. Tinha seus quarenta e tantos anos, imaginei (todos em posição sênior pareciam ter seus quarenta e tantos anos), e vestia uma roupa de voo. Paul me apresentou quando ela passou por nós. Ela era almirante da Marinha americana, de Memphis, Tennessee, e me fez sentir como se tivéssemos topado um com o outro no centro da cidade, que ela não tinha nada particularmente urgente a fazer, e ficaria muito feliz de conversar, mas não queria tomar o *meu* tempo. Perguntou se todos estavam cuidando bem de mim, sobre os meus livros — tinha graduação em língua inglesa! — e depois saiu da sala para cuidar do negócio não pouco exigente de comandar o Grupo de Ataque do porta-aviões. Eu me dirigira a ela como "almirante" durante toda a nossa conversa, mas não tinha certeza se isso estava correto.

"Ou isso, ou 'senhora' está bem", disse Paul. Já estávamos sentados, de novo às voltas com nossas omeletes.

"Ela era tão pouco intimidante que seria fácil se distrair e chamá-la de Nora", eu disse. "O que aconteceria se tivesse feito isso?"

"Não sei bem."

"O que aconteceria se *você* fizesse isso?"

"Se eu a chamasse de Nora? Tudo chegaria ao fim", disse ele. "Inclusive minha carreira."

19.

Eu queria voltar a falar com Disney. Eu havia visto nele a personificação de um tipo esboçado por Diane Ackerman em seu livro sobre voar, *On Extended Wings*: "Então a aviação passou por uma fase militar, da qual ainda não evoluímos. O céu não era mais um mistério, mas uma nação invisível, território a ser domado; e os aviões eram apenas máquinas, como os indivíduos que os pilotavam deveriam ser: eficientes, frios, estoicos, estratégicos, sujeitos normais, sem pieguice, que impunham sua vontade ao resto dos mortais e sabiam que, mesmo que os mansos pudessem herdar a terra, os fortes herdariam os mansos". Quando nos encontramos de novo, no entanto, a confiança no estilo cabeça raspada de Disney se transformou em tato e diplomacia, a ponto de ele me pedir para não divulgar a explicação de seu apelido. E o comentário anterior sobre aviões de dois lugares havia sido apenas uma provocação bem-humorada, disse ele.

"O importante a respeito de voar sozinho é que os erros são seus", explicou. "Você é tão bom quanto você vai ser naquele dia. É só você, sozinho em seu escritório, com a melhor vista do planeta."

"Vocês têm mesmo tempo para olhar ao redor?"

"Quando estávamos decolando do oceano Índico para o Afeganistão, era uma hora e dez minutos dirigindo pelo bulevar, como o chamávamos. Então, havia muito tempo para olhar ao redor." Eu ouvira falar que, durante tempos de voo sem novidades como aquele, os pilotos às vezes ligavam seus iPods e mandavam ver um rock na estratosfera. Disney foi incapaz de confirmar ou negar essas histórias, mas falou da rotina de voar em termos que eu ouviria muitas outras vezes no decorrer de minha estadia. "A gente está pilotando um video game. Somos mais operadores de armas e sensores do que pilotos. O avião é fácil de pilotar. Quase voa sozinho." E então, sem nenhuma mudança em sua fala lenta e baixa, ele começou a me contar de uma ordem diferente de experiência. "Você está voando à noite, numa linda noite clara. A 18 mil metros, com óculos de visão noturna, é como voar através do espaço. Você vê estrelas que nunca pensou que veria. Especialmente se estiver sobre a água — é como voar no espaço profundo."

Então, ali estava, ainda intacto, apesar dos avanços tecnológicos e do discurso lacônico: o lirismo do voo noturno evocado pela primeira vez por Saint-Exupéry. Era como se ele tivesse revelado alguma coisa íntima para mim, a experiência que estava no âmago de seu ser: um reino de poesia acessível apenas para aqueles cuja visão de mundo é baseada em tecnologia, conhecimento e cálculo, em vez de admiração com olhos arregalados. Algo semelhante acontecera algumas noites antes, quando estava sentado com o capitão e seus amigos enquanto eles fumavam charutos. Em meio à conversa sobre o serviço e a diversão de voar, o capitão de repente falou sobre como, "sem poluição luminosa, numa noite em que não há neblina, se pode ver a majestade da Via Láctea". E Disney, o garoto que se destacava em video games, para quem tudo se resumia à coordenação mão-olho, a manter um olho nos mostradores, comutadores e dados, tinha a experiência transcendente ansiada por místicos, xamãs, consumidores de ácido e todos que estão numa busca eterna.

Sua evocação das estrelas me fez lembrar de um momento de *Annapurna*, o clássico do montanhismo de Maurice Herzog. O autor e seu companheiro Louis Lachenal conquistam o cume, mas o triunfo os leva — junto com dois outros membros da expedição que vieram em socorro — à beira da morte enquanto lutam, cegos pela neve, quebrados, ulcerados pelo frio, para descer a montanha. "O céu estava azul — o azul profundo da extrema altitude, tão escuro que quase se pode ver as estrelas." Alguns momentos depois, eles são engolidos por uma avalanche. A visão privilegiada das estrelas é — como Saint-Exupéry insiste várias vezes e com bastante grandiloquência — subscrita pelo perigo inerente à aventura, a possibilidade cotidiana de morrer: "o derradeiro choque", como ele o chamou em *Vento, areia, estrelas*.

"Alguma vez você já teve que se ejetar?", perguntei a Disney, imaginando, tarde demais, se essa pergunta não infringia um tabu, não atraía azar.

"Não."

"Já chegou perto?"

"Acho que depende de sua definição de perto. Mas eu, uh, consegui salvar a situação bem antes de chegar ao envelope de vento em que tivesse de pensar em cair fora."

Envelope! Adorei! Alguns minutos antes falávamos sobre a beleza de voar à noite, como se fosse através do espaço profundo, e agora estávamos de volta ao envelope linguístico da gíria sempre lacônica do piloto. E a desvantagem de voar à noite, Disney me lembrou, é que muitas vezes também era preciso pousar à noite.

"Em noites como essas em que há lua, de modo que se pode ver o que está acontecendo, isso é menos estressante. Mas uma noite escura com tempo terrível, nuvens baixas, o navio jogando de popa a proa e você não consegue vê-lo até os últimos segundos — isso é uma experiência aterrorizante. Os instrumentos dizem o que está acontecendo, mas o navio lá embaixo não passa de um selo postal. Mesmo com toda a tecnologia, ainda somos muito visuais, e o que você *não* consegue ver aterroriza. Depois do pouso, você terá dificuldade para sair do avião porque suas pernas estarão tremendo muito e você pensa: *Por que diabos estou fazendo isso? Isso foi uma estupidez.*"

"E como é decolar à noite? É mais simples?"

"Sob certo aspecto, eu odeio a catapulta noturna mais do que o pouso à noite. Você senta lá, eles diminuem as luzes, mas os olhos levam tempo para se ajustar. Atiram você da extremidade da frente e numa noite escura não se tem nenhuma referência visual, nenhuma ideia de onde está o horizonte. É como ser atirado num buraco negro. Você só tem seus instrumentos para confiar. No caminho para baixo, mesmo numa noite escura, muitas vezes é possível ver as luzes do navio à sua frente. Mas quando o atiram da Catapulta Um, as luzes laterais somem e você está no escuro. Então sobe, põe os óculos de visão noturna e tenta descobrir o que está acontecendo."

O esquisito é que Disney parecia completamente imperturbado pelo que estava dizendo. Rotina, lirismo, terror — tudo isso era relatado com a mesma fala arrastada e tranquila.

Tudo o que dizia respeito a decolar e pousar em um porta-aviões tinha ficado mais seguro, mas Disney disse algo que eu ouviria em outros lugares do navio. "Muitas das nossas lições são escritas com sangue. Não é necessariamente um negócio perigoso, apenas muito implacável com os erros."

20.

Quando havíamos passado para combinar um encontro com a conselheira de drogas, ela estava com uma camiseta azul e eu tinha vislumbrado parte do que evidentemente era uma grande tatuagem em seu braço. Agora ela estava de uniforme e a tatuagem estava escondida. A fim de abrir espaço para mim e Newell, ela teve de recuar para a outra extremidade de sua sala e sentar-se bem embaixo de uma prateleira de metal. Fiquei com medo de que ela batesse a cabeça quando se levantasse — não são apenas os altos que estão em risco.

"Há pouco tempo, ouvi dizer que as drogas eram um grande problema na Marinha", eu disse, numa espécie de aquecimento para a conversa.

"Ainda são", disse ela, dispensando totalmente o aquecimento.

"Ah, é mesmo? Fale-me sobre isso."

"Por alguma razão, agora as pessoas gostam de criar ou inventar coisas para se drogar. A novidade é um sal de banho..."

"Um o quê?"

"Sal de banho. Eles o inalam. E depois, claro, você tem a inalação de todo o esgoto para dar barato."
"O quê?"
"Sim. Por quê? Não sei por quê. Mas eles fazem. E depois, você tem os limpadores clássicos de computador: inale-os. Canetas marcadoras. Dá barato. Mas o lance agora é o *spice*. Na verdade, o *spice* é uma maconha falsa. Ouvi falar dela quando era conselheira no Japão. Era legal. Vendiam como se você fosse numa loja de roupas. Agora o *spice* está descontrolado porque não conseguem detectá-lo num teste de drogas."

Eu estava aprendendo um montão de coisas em um curto espaço de tempo, todas eram inteiramente novas para mim, uma boa parte era confusa. Era o equivalente para conversa de um lançamento da catapulta do convés de voo à noite: em vez de taxiar ao longo da pista, você é apenas um tiro na escuridão, tentando se orientar.

"Podemos voltar um parágrafo ou dois?", perguntei. "Eu não ouvi falar de sais de banho.[1] E certamente nunca ouvi falar de gente tendo barato com esgoto. Quer dizer, que parte do processo de esgoto..."

"Nem sei lhe dizer. Não tenho essa pesquisa. Mas sobre sais de banho, tenho um artigo. Eles põem num saco e inalam. Não sei qual é o processo."

"Como é o barato?"
"Não tenho ideia, senhor."

---

1. Isso foi em outubro de 2011. Em junho do ano seguinte, todo mundo já ouvira falar dos efeitos dos sais de banho, graças a Rudy Eugene, que, enquanto estava sob a influência da droga, arrancou a dentadas o rosto do sem-teto Ronald Poppo antes de ser morto a tiros pela polícia da Flórida. Ou pelo menos assim foi noticiado na época. A autópsia não revelou nenhum traço de sais de banho no corpo de Eugene, mas é difícil imaginar como a droga vai se recuperar dessa catastrófica publicidade adversa.

"Você menciona esgoto, mas não sabe nada sobre isso?"
"É mais colegiais e adolescentes que estão experimentando esgoto."
"Então, só para deixar claro, o vício do esgoto ou abuso do esgoto, como quiser chamá-lo, é ou não é um problema na Marinha?"
"Definitivamente não."
"Ah." Eu havia temido que ela batesse a cabeça no final da nossa conversa. Perguntei-me agora se ela não teria batido antes de eu entrar. Ou, olhando por outro lado, ela teria uma espécie muito desenvolvida de capacidade negativa, era capaz de suportar duas ideias completamente contraditórias em sua cabeça, sem qualquer senso da anulação recíproca entre elas.

"Um problema maior aqui na Marinha é provável que seja o *spice*, porque não é detectado", ela continuou. "Mas dá um barato igual ao da maconha."

"Vamos voltar ao período em que as drogas eram muito mais prevalentes na Marinha", disse eu, tornando a cruzar as pernas, como um apresentador de programa de entrevistas prestes a chegar ao âmago frio e úmido da questão. "Quando foi o momento de pico do uso de drogas na Marinha?"

"Não acho que tenha havido um momento de pico. Acho que foi bem constante. Quer dizer, foi provavelmente há dois anos, quando descobriram o *spice*; foi a maior notícia que já recebemos, quando apareceu o *spice*."

"E o que dizer dos anos 1960 e 1970, no Vietnã? Soldados voltaram do Vietnã com problemas de heroína. E havia um monte de erva também. Teria havido uma coisa semelhante na Marinha naquele tempo?"

"Hmm. Eu não compararia com guerras passadas. O usuário atual de drogas é um homem que vai para o Iraque e o Afeganistão e volta com transtorno de estresse pós-traumático, e a única maneira que ele tem para lidar com isso são as drogas."

"Que drogas eles usam para isso?"

"Muita cocaína e muita maconha."

Isso foi uma surpresa. Eu ouvira falar que já tinham conseguido algum sucesso usando Ecstasy para tratar TEPT (transtorno de estresse pós-traumático). Fazia total sentido: antes de se tornar uma droga de raves, o Ecstasy era usado no aconselhamento matrimonial. Mas cocaína? Com certeza, ela não ia ajudá-lo se você sofresse de TEPT.

"Não mesmo", disse ela. "Mas, por algum motivo, ela é muito acessível."

"As pessoas têm problemas de dependência com outras drogas ilegais assim — como cocaína e maconha?"

"Não necessariamente drogas ilegais, porque quando têm problemas, eu não os vejo. Eles são separados da Marinha."

"Agora estou um pouco confuso", eu disse. "Você trata as pessoas exatamente do quê?"

"Álcool."

Ah, o bom e velho álcool. Sempre o vencedor final. Passamos a discutir os problemas da bebida, de jovens se embebedando quando o navio está no porto. De certo modo, eu não podia ver qual era o problema: jovens querem sair e beber litros de cerveja. Em especial se estiveram em um navio sob lei seca durante sete meses. O que poderia ser mais normal do que isso?

"Quanto às drogas", falei. "Você começou dizendo que era um problema enorme na Marinha. Mas tudo o que você disse me faz pensar que não é. Principalmente em comparação com o pessoal da mesma idade na faculdade."

"Em relação à sociedade da Marinha, as drogas têm sido mais galopantes por causa do *spice*. Em face do mundo civil, claro que eles sempre tiveram esse problema, mas na vida da Marinha é enorme agora devido ao TEPT, ao vício no *spice*, nos sais de banho. Mas sim, contrastando com a vida civil, não é comparável."

"Certeza que você não vai me dizer como é o lance do esgoto no navio?"

"Eu realmente não sei a esse respeito. Parece que os adolescentes têm um saco de merda e o inalam. Por quê? Imagino que tenha metano."

"Deve ser o máximo do barato barato. Embora o barato pareça incrivelmente uma baixaria."

"Chamam de *bong* do intestino", brincou Newell, entrando na conversa.

"Imagine a ressaca", eu disse. "Quer dizer, a maioria das drogas faz você se sentir como merda no *dia seguinte*."

Agradeci-lhe por seu tempo, alertei-a novamente sobre bater a cabeça quando ela se levantou e nos despedimos. Tinha sido uma conversa estranha, que lembra, em alguns aspectos, as que você tem quando é jovem e fica chapado com os amigos: a coisa toda flui com pouca pausa, quase sempre hilariante, mas muitas vezes, por trechos muito longos, não faz nenhum sentido. Em relação às drogas, havia um problema enorme — e não havia problema nenhum. Muita gente queria ter um barato — para isso, estavam dispostos a fazer qualquer coisa — mas parecia que quase ninguém estava realmente conseguindo.

Naquela noite, ao ouvir a fita no meu beliche, após o Apagar das Luzes, a conversa me pareceu ainda mais bizarra, uma vez livre das leis e padrões tácitos que regem a conversa cara a cara. Comecei a repetir sem parar a expressão "*git the high*" e sua variante, "*gittin' the high*", de início dando risadinhas comigo mesmo, depois, rindo alto, tendo um barato só de dizer "tendo um barato". Se eu tivesse o equipamento e a capacidade, teria voltado no tempo e usado o meu computador para montar uma grande faixa de dance — um *choon*, como provavelmente não dizem mais — com esses *samples*, *"git the high"* e *"gittin' the high"*. De Ibiza a Detroit e Londres, ela iria rechaçar a baboseira pseudoespiritual elevadora do "Higher State of Consciousness" de Josh Wink em favor do hedonismo simples e direto; se tornaria um *house* clássico, disponível em múltiplos remixes, todos chegando ao clímax repetidamente com diagnóstico e advertência de cabeça para baixo, crescendo até aquela admoestação de hino, tingida de evangelho: "*G... G... G... Git-the.... Git-the... Git-the...*", até que, por fim, inevitavelmente, ela chega, a liberação tipo erga sua mão no ar, olhos do tamanho da visão noturna de planetas: "GIT THE HIGH!".

21.

Imagine isto: você está sentado nessa coisa velha e chata que é um avião comercial. Você diz "oi" para a mulher atraente — trinta e poucos anos, loira — que está ao seu lado. Quando o jantar chega, você começa a falar, pergunta o que ela faz. Ela talvez diga que é da Marinha. Esperando que a próxima resposta seja "trabalho com aviônica" ou "com radar" — ou, se você é muito reacionário, "trabalho no salão de beleza" —, você pergunta o que ela faz exatamente. Ou, em resposta àquela pergunta inicial, ela talvez diga "sou piloto", caso em que você dá seguimento à conversa com "que tipo de piloto?". Em ambos os casos, supondo-se que ela está a fim de bater um papo, ela vai, em algum momento, admitir a verdade: sou piloto de caça F-18, com base em um porta-aviões.

Eu não estava na posição desse passageiro animado: estava na posição ainda mais felizarda de falar com Jax (seu apelido) na sala dos oficiais de seu esquadrão. No contexto civil imaginado no parágrafo anterior, o cabelo dela era loiro; aqui, parecia da mesma cor de seu uniforme de voo. A primeira coisa a perguntar era como ela ganhou seu apelido.

"Quando pousa o jato com muita violência, você ganha um código de manutenção 904. E você precisa mandar o avião para o conserto cada vez que pousa desse jeito. O código de área de Jacksonville é 904. No meu primeiro esquadrão, eu não gostava de ficar dando voltas, então pousava mesmo que isso quebrasse o jato. Não conquistei muitos amigos na equipe de manutenção, mas me rendeu o apelido."

"Você não fez um *bolter*, como um homem?", perguntou Newell.

"Não. Pousei como uma mulher."

Afora o fato de que ela era uma mulher que pilotava jatos — uma das poucas no porta-aviões que voava e a única a voar sozinha —, sua história era muito parecida com a das outras, exceto em um detalhe importante: *Ases indomáveis* não desempenhou nenhum papel em seu desejo de ser piloto. Ela cresceu no Colorado. Seu pai era um oficial de inteligência da Força Aérea. A Marinha pagou seus estudos na Universidade Northwestern, em Chicago. Depois de um ano, ela escolheu aviação, tornou-se piloto e acabou ali, na sala dos oficiais, falando comigo.

Eu lhe havia pedido que me contasse sua história brevemente; não esperava que fosse *tão* breve. Durante toda a sua formação, por exemplo, ela encontrara algum tipo de resistência à ideia de uma mulher entrar nessa alta cidadela de masculinidade?

"Todos nós tivemos uma experiência do chauvinismo do estilo antigo. Mas durante a escola de voo, sempre foi muito justo. E ainda é. Se não estou voando a bola bem, todo mundo sabe."

"Voando a bola?"

"A lente de pouso. Há uma única fonte de luz no meio que chamamos de bola e você usa como referência uma linha de luzes verdes. Quando você está alto, a bola está acima dos pontos de referência; se você voa raso, ela está abaixo. Você tenta centrar a bola. Com base em qual é a sua potência, a bola vai se mover."

"Então não é nada muito importante?"

"Na verdade, não." Temos uma ideia do piloto de caça como um sujeito arrogante, machão, empurrado para dentro do mundo pela força da gravidade — propriamente falando, deve ser uma gravidade negativa — de uma indomável crença em si mesmo. Jax era um doce de pessoa. Não poderia ser mais simpática ou menos arrogante, mas, ao comentar sobre o "grau de arrogância que é necessário e depois instilado em você" por formação e profissão, ela admitiu tacitamente uma determinação e uma firmeza de propósito por trás daquela postura tão simpática. (Faria sentido dizer que ela teria uma arrogância *interior*? Uma coisa como essa é sequer concebível?) Qualquer resíduo daquele velho chauvinismo deve ter posto mais desafios em seu caminho do que aqueles enfrentados por um macho da mesma idade e habilidades equivalentes. Seria possível que ela tivesse acabado numa posição que tantos outros aspiravam alcançar — bem na ponta daquela lança citada com frequência — sem ter *querido* chegar lá mais do que qualquer outra pessoa? Ou os procedimentos meritocráticos de seleção e progressão da Marinha eram tão refinados que alguém de notável talento natural podia acabar pilotando jatos sem o auxílio do foguete propulsor da ambição?

De qualquer forma, ao que parece, a Marinha não era capaz de segurar Jax. Depois de doze anos, ela estava saindo. A Marinha queria mantê-la — compreensivelmente, uma vez que havia investido uma quantidade fenomenal de dinheiro na expansão de suas habilidades, experiência e conhecimento —, mas ela estava decidida. (Não perguntei se estava num relacionamento, mas na idade dela, a questão dos filhos estava no horizonte. É uma coisa ser uma mãe em mobilização como mecânica, com uma criança de três anos em casa; outra bem diferente é ficar longe por sete meses pilotando aviões de combate.) Então, o que ela iria fazer quando saísse?

"Pesquisa ambiental."

"Sobre os danos causados por rasgar a atmosfera em voos supersônicos?"

"Meu diploma é de ciências ambientais", acrescentou ela, mas não era preciso um diploma para ver que ela havia causado uma quantidade desproporcional de devastação ecológica para alguém tão jovem. "Eu tenho muito carma ruim que preciso resolver", disse ela, meio de brincadeira, meio a sério.

Quando estávamos voltando para nossos quartos, Paul esbarrou num conhecido dele — ele *sempre* esbarrava em conhecidos — que disse que, se estávamos interessados, seria um bom momento para dar uma olhada em um dos dormitórios masculinos. (Tínhamos pensado em fazer isso por vários dias, mas nunca havia funcionado.)

O dormitório estava iluminado por uma luz vermelha suave que era muito aconchegante, até caseira, de uma forma um tanto monumental. Andamos pelos corredores entre seis blocos (beliches de três andares empilhados de cada lado de uma partição). Tivéramos nosso interlúdio de visitante real na padaria; agora estávamos tendo uma caminhada à la Whitman. Cada beliche tinha uma cortina para proteger a privacidade. Ao que parecia, a maioria das pessoas já estava na cama, dormindo ou ouvindo música em iPods; uns poucos se preparavam para se deitar; um punhado ainda estava em terminais de computador ou conversando em voz baixa.

"Quantas pessoas aqui?", sussurrei quando estávamos saindo.

"Duzentos e dezoito homens, patente de E6* e abaixo."

"Putz, isso é um monte de gente."

"Sim, tem um monte de atitudes lá", disse o nosso guia quando saímos do dormitório. Não surpreende que essas atitudes se manifestassem principalmente como peido, desodorante e loção pós-barba: cheiro e anticheiro — tese e antítese —, criando uma síntese de ambos.

---

* Para referência da hierarquia da Marinha americana, veja a tabela "Patentes da Marinha dos Estados Unidos", na p. 227.

22.

Uma das vantagens de ter o meu próprio quarto era a liberdade de peidar sempre que sentia vontade. A desvantagem é que, invariavelmente, Newell batia na minha porta segundos depois de eu ter feito isso. Era quase como se, ao soltar um pum, eu o convocasse, num método mais rápido e mais eficiente do que chamá-lo ao telefone. Nessa ocasião, ele e o fotógrafo vieram me dizer que nossa visita ao Controle do Convés de Voo fora antecipada, e tínhamos de ir para lá imediatamente.

O Controle do Convés de Voo era o feudo do capitão de corveta Ron Rancourt, um homem seriamente apaixonado pelo que fazia. Mais apaixonado, se é que isso era possível, do que as outras pessoas que conheci que estavam seriamente apaixonadas pelo que faziam. Ele tinha uma vista completa do convés de voo de sua cadeira no que chamava de "centro nervoso das operações de voo". Diante dele havia uma mesa coberta de acrílico, com um plano do convés de voo, e em cima do plano estavam pequenos modelos de aviões e helicópteros, adornados com diferentes arruelas coloridas. Era como um jogo de tabuleiro de grande escala chamado Força do Porta-Aviões ou Convés de Voo, embora Ron se referisse a ele simplesmente como tabuleiro Ouija. Depois de todas as luzes piscando, fluxos de dados e coordenadas iluminadas em telas de plasma, era legal ver esse retorno manuseável aos dias da Batalha da Grã-Bretanha, quando membros da Força Aérea Auxiliar Feminina britânica manipulavam aviões de papelão em torno de um mapa gigante de nossa ilha-fortaleza. Esses sentimentos nostálgicos acabaram se revelando inteiramente apropriados: após essa mobilização, o tabuleiro curiosamente eficiente de Ron seria substituído por um novo sistema eletrônico, de acordo com o estilo *super-tech* das operações em outros lugares do navio. Em torno da borda do tabuleiro, sob o acrílico, havia cédulas de várias denominações em muitas moedas diferentes.

O cabelo de Ron era curto. Ele sorria o tempo todo enquanto falava. Estava totalmente envolvido pela nossa conversa, mas — assim é a concentração absoluta exigida pelo seu trabalho — uma tarefa simples como falar comigo significava que ele tinha uns bons 20% ou 30% de concentração sobrando para todo o resto que estava acontecendo. E havia muita coisa acontecendo. Mesmo para os padrões do navio, cheio e agitado, aquele era um lugar lotado e movimentado, com pessoas indo e vindo o tempo todo. Uma delas era um sujeito de capa vermelha e uma espécie de roupa de *Guerra nas estrelas*, com capacete e viseira: fazia parte das festividades de Halloween, que já haviam incluído um anúncio que parecia muito sério no circuito principal de som, de um "ataque de zumbis" em andamento. Em meio ao barulho de fundo e à distração dos equipamentos, telefones tocando e vozes gritando coordenadas, Ron enunciou o seu papel com uma clareza infalível de propósito. Ele era responsável pela segurança e movimentação de todas as aeronaves a bordo: 66 no total.

"Quando estamos lançando e recuperando aviões, precisamos navegar na direção do vento e em linha reta. Mas esse é o momento em que o navio é mais vulnerável. Assim, quanto mais curta for essa janela de lançamento e recuperação, melhor. Estamos sempre em busca de eficácia, de uma janela de trinta minutos do lançamento do primeiro pássaro até a recuperação do último." (Quanto tempo mais eu precisaria estar no porta-aviões para que o fato de chamarem os aviões de pássaros não me causasse emoção? Quanto tempo para que eu mesmo fosse capaz de usar o termo com espontaneidade, para que ele viesse à minha boca tão naturalmente quanto pássaros às árvores?) Desnecessário dizer que estávamos em uma das pausas fora daquela janela. Outra vantagem dessa janela apertada, do ponto de vista do resto da tripulação, era que o choque e o baque de jatos pousando e decolando eram concentrados em períodos compactos de ruído infernal, ao invés de um estrépito contínuo de arrebentar os nervos. Mas esse estrépito, para Ron, era tão suave como uma canção de ninar — ou anticanção de ninar, projetada para manter sua equipe acordada e em estado de alerta máximo e constante por horas a fio. Perguntei-lhe que tipo de turno ele fazia.

"De catorze a dezesseis horas todos os dias."

"Não há mais ninguém capaz de fazer o seu trabalho?"

"Eu sou o único oficial de manejo de aeronaves no navio."

"O que acontece quando você fica doente?", perguntou o fotógrafo.

"Eu não fico doente."

"O.k.", disse eu, assumindo a conversa, ao estilo de uma deixa. "O que acontece quando você quer assistir TV?"

"TV é veneno."

"Ah, o.k. Mas eu estou tendo um pouco de dificuldade para entender a matemática do seu dia", respondi. "Digamos que você teve um dia de quinze horas."

"Vou para o meu quarto, leio um pouco para relaxar e depois

ponho meu despertador para as quatro, para ir à academia. No mínimo, tento dormir cinco ou seis horas por noite."

Mencionei que alguns estudos haviam demonstrado — estudos, não preciso dizer, que eu nem tinha visto, muito menos lido — que depois de certo número de horas de trabalho, as pessoas ficam menos eficientes, cometem mais erros.

"Chego a um ponto em que meu raciocínio não é tão aguçado, provavelmente por volta da marca das catorze horas."

Eu havia perdido minha linha de raciocínio em algum ponto em torno da marca de catorze palavras. Então olhei para os aviões em miniatura diante da cadeira de Ron, decorados com pequenos alfinetes, arruelas e outras miudezas — verdes, azuis, amarelas e roxas —, todas simbolizando algo a respeito da situação da aeronave, sua disponibilidade e suas exigências. Uma arruela roxa significava que o jato precisava de combustível. Um bloco amarelo significava cauda sobre o deck ou cauda sobre a água.

"Você vê que alguns aviões têm porcas neles", disse Ron. "Que significam que...?"

Minha mão subiu — eu, senhor! eu, senhor! — e gritei a resposta antes que o fotógrafo tivesse a chance de abrir a boca. "Isso significa que o avião precisa de uma lavagem!"

"Isso mesmo!" Oh, a felicidade de dar as respostas certas, de fazê-lo publicamente e ser visto como o garoto mais inteligente da sala de aula!

"Eu ganho uma dessas cédulas de prêmio?", falei, apontando para o dinheiro embaixo do vidro.

"Isso vem depois", disse Ron. "Agora, o que me diz desses aviões com uma borboleta?"

"Alguma coisa a ver com a asa?", o fotógrafo clicou. "Dobrar as asas, talvez?"

"É isso aí", disse Ron. O fotógrafo havia empatado, mas eis a coisa que me marca como um líder, como material para a unidade de especialistas Seal. Não fiquei sentado bufando, de cara amarrada ou lambendo minhas feridas. Antes de Ron fazer a pergunta seguinte — antes mesmo de eu saber que haveria outra pergunta —, eu já estava examinando o tabuleiro para ver que outras cargas simbólicas os aviões transportavam. Assim, no momento em que Ron fez a pergunta, sobre os aviões com um macaco pequeno sobre eles, eu já havia — repita: Alpha, Golf, Oscar, Romeo, Alpha, *agora* — descoberto a resposta graças às informações obtidas de Jax horas antes, e fui capaz de cantá-la antes mesmo que ele terminasse sua frase.

"A aeronave foi abalada no pouso e precisa ser colocada sobre macacos, senhor!" Não esperei Ron dizer "positivo" ou "correto", só levantei meus braços, punhos cerrados, e me deleitei com aquilo. Aquilo o quê? Aquele arrebatamento do tipo levantar a bandeira em Iwo Jima, ver os zulus se mandarem de Rorke's-Drift, também conhecido como V da vitória em um T de teste.

Não houve tempo para se vangloriar. Ron continuava sua explicação sobre o que acontecia ali. Tal como Charles nas cozinhas, ele usava o possessivo da primeira pessoa ao falar sobre o convés de voo, como em "recebendo uma aeronave danificada em meu convés de voo". Esse intenso investimento pessoal no local de sua expertise se justificava com o argumento de que ele fazia aquilo — ou abria o seu caminho na direção daquilo desde seus primeiros dias de soldado — havia 28 anos. Por muito tempo, trabalhar em um convés de voo foi considerado o emprego mais perigoso do mundo; agora, explicou Ron, "era o mais seguro dos trabalhos mais perigosos do mundo".[1] Pelo menos em sua vigília.

1. Annie Dillard chegou a conclusão semelhante quando ficou fascinada com um dublê de piloto em seu livro *The Writing Life*: "Eu pensei que o perigo era a coisa mais segura do mundo se você o enfrentasse direito".

Em 28 anos, não houve nenhuma morte em nenhum dos conveses em que trabalhou.

Em breve, os pássaros seriam lançados e recuperados. Com o ritmo e a intensidade da concentração e o aumento da atividade, o fotógrafo e eu precisaríamos sair — mas não antes de mais um triunfo de minha parte. O dinheiro sob o acrílico, em volta das bordas da mesa: qual era a história por trás daquilo?

"Uma multa paga por qualquer visitante que tocar ou pôr coisas nela." Era uma forma rentável de tributação. Quando estavam nos Estados Unidos e recebiam visitantes todos os dias, coletaram 4 mil dólares em um período de nove meses, todos doados para um programa de bolsas de estudos. Eu havia posto meu café sobre o tabuleiro Ouija de Ron — mas só *depois* de verificar que não havia problema em fazê-lo!

"Está correto", disse ele. "Você tinha minha permissão."

23.

Ron tinha tanta paixão por seu trabalho que era impossível imaginá-lo fazendo outra coisa. Ou, dito de outra maneira, era impossível imaginar o trabalho sendo feito por outra pessoa que não fosse ele. Por isso, foi uma surpresa quando Paul revelou, durante o jantar, que Ron estava "caindo fora". Ele havia mencionado que tinha três filhas, que estavam todas sendo educadas em casa por sua esposa — uma tarefa que ele agora compartilharia com ela. Eu queria perguntar mais sobre sua planejada renúncia voluntária a um cargo de alto nível, sobre a troca de uma responsabilidade de alta tensão pelo profundo enraizamento na vida e na educação domésticas, então combinamos de voltar lá no dia seguinte, logo depois de descermos do pássaro. É isso mesmo, íamos dar um giro num helicóptero, um Seahawk MH 60.

Os helicópteros são os primeiros e os últimos em qualquer ciclo de lançamento e recuperação. Durante operações de voo, há sempre um par de helicópteros no ar. Eles patrulham a área ao redor do navio em caso de ataque ou, mais provável, de um avião a caminho do que os pilotos do Spitfire costumavam chamar de um drinque. (Possível elisão de dois dialetos distintos, um de *Falcão Negro em perigo*, outro da Batalha da Grã-Bretanha: "Temos um pássaro no drinque! Repito: o pássaro está tomando um drinque!".)

Vestimos casacos flutuantes e capacetes — não craniais, mas troços sólidos verdadeiros — e nos preparamos para embarcar. O pássaro pousou e grupos com correntes correram para ancorá-lo. Como sempre acontecia em momentos como esses — de interface entre homem e máquina —, houve uma súbita aproximação entre a tecnologia avançada e o extremamente básico. Entre aqueles que correram para a aeronave estava um sujeito com um rodo que começou a limpar o para-brisa. Era como se o pássaro tivesse parado em um sinal vermelho e ele precisasse lavá-lo antes que o piloto tivesse chance de recusar o serviço não solicitado. A equipe anterior desceu e nós — uma tripulação de quatro, mais eu e o fotógrafo — tomamos seus lugares. Prendemos os cintos — ou melhor, já que meus cintos estavam totalmente emaranhados, tive de *ser* preso, como uma criancinha magricela sendo posta na cama. Nossos pés descansaram sobre caixas de munição. Em todos os lugares havia mais correias, grampos, fixações. Tudo podia ser preso, ajustado e destacado de tudo. Quando estávamos prestes a decolar, a equipe de terra se agachou como corredores em uma corrida de média distância prontos para largar de novo — mas estavam apenas se firmando contra a corrente de ar descendente.

Não pareceu uma decolagem. Estava mais para um ligeiro bamboleio provocado pelo golfo ao baixar convenientemente uns cinco metros.[1] E então partimos e o porta-aviões ficou abaixo de nós. Que tamanho tinha o porta-aviões? Mais uma vez, era impossível dizer. Do ar, era a única coisa que se via — o único de seu

---

1. Como disse o produtor Lew Grade sobre o imenso fracasso de crítica e público de *O resgate do Titanic*: "Teria sido mais barato baixar o Atlântico".

tipo por perto — e, portanto, sem nenhum tamanho em particular, em termos relativos.

A condensação escorria de tubulações sobre nossas cabeças. Havia uma névoa constante de vapor frio soprando de algum lugar. Começamos a fazer as rondas, voltas e voltas. Era um pouco confuso: por que só o lado de bombordo do porta-aviões ficava à vista a cada dez minutos? Porque embora estivéssemos dando voltas e voltas, não estávamos dando voltas em torno do porta--aviões, mas apenas ao redor de um lado dele. O estibordo era patrulhado por outro helicóptero.

A missão dos helicópteros era de busca e salvamento; seu lema: "Para que outros possam viver". Como disse a copiloto Theresa Parisi: "Para que possamos fazer a diferença, alguém precisa ter um dia muito ruim". Ela era a única mulher em busca e salvamento, e entrou nessa linha de trabalho porque lhe disseram que não poderia.

Através de nossos fones de ouvido, ela e o piloto começaram a explicar o que o pássaro *podia* fazer, mas interrompi com uma pergunta que me incomodava desde a hora que embarcamos. Ao falarem sobre o — ou um — "pássaro", estavam se referindo a um helicóptero, um avião ou ambos?

"Se você está no solo", Theresa explicou, "pode significar ambos, como 'Em que pássaro vou voar?'. Mas depois que está no ar, 'pássaro' refere-se apenas às aeronaves rotativas, aos helicópteros."

Com essa dúvida esclarecida, ela e o piloto retomaram seu resumo sobre como o pássaro poderia pairar a três metros a dez nós, ou a 4,5 metros completamente parado. De cada uma dessas alturas, o nadador pode saltar na água. De vinte metros, o nadador pode descer por uma corda. Isto é o que os membros da tripulação querem fazer: eles querem fazer saltar o nadador. Eu estava familiarizado com a expressão "salta o tubarão",* mas não com "salta o nadador". Grande expressão! Depois que voltei a Londres, ao andar pela rua, eu gritava de repente "salte o nadador!". Se minha esposa estava comigo, ela respondia "nade o saltador", e nós íamos pela rua gritando juntos "salte o nadador!" e "nade o saltador!" como um casal de loucos.

Para nos dar uma ideia do que envolvia o nadador saltar, o guincho foi baixado, com uma cesta de sobrevivência anexada. Se você estivesse perdido no mar, com tubarões tirando pedacinhos de seus pés, seria lindo ver o pássaro vindo para salvá-lo assim, mas, ao fazê-lo, o helicóptero transforma o mar em um inferno aquático aterrorizante, como se estivesse furioso por ter de desistir de alguém que havia reivindicado para si. O seu dia ruim fica pior abruptamente, logo antes de ficar melhor. Ficamos por ali um tempo, olhando para o mar atormentado pelo rotor, depois subimos e fomos embora.

Eu estivera somente uma vez num helicóptero, sobre uma geleira na Nova Zelândia, por isso foi uma verdadeira emoção estar em um pássaro como aquele — por cerca de vinte minutos. Depois, nos acomodamos no restante de um turno de três horas que, para a tripulação, se tornara tão rotineiro quanto dirigir um ônibus voador num tempo perfeito com um par de calibres .50 (ao menos suponho que era isso) assomando de ambos os lados, se antecipando a problemas que nunca pareciam chegar. Ninguém estava tendo um dia ruim. O nadador não ia ser saltado — o salto não ia ser nadado —, então a tripulação passou o tempo apenas tagarelando. Fiquei com a impressão de que era isso que faziam todos os dias, em diferentes permutações, de acordo com quem

---

* "*Jump the shark*": expressão usada para indicar o início do declínio da criatividade em alguma atividade artística ou comercial.

voava com quem: voavam em círculos e batiam papo. Dessa vez, falavam sobre os Steelers (cujo nome, eu tinha aprendido desde que o ouvi na ponte alguns dias antes, se escrevia assim).

"Sim, eu tenho um amigo que é torcedor dos Steelers e ele tem um quarto Steelers em sua casa. Você não tem permissão para entrar no quarto dos Steelers se não passar um jogo deles na TV. E você não pode ir assistir a um jogo dos Steelers se não estiver usando uma camiseta dos Steelers. Então ele meio que fez lavagem cerebral nos filhos desde bem pequenos. É muito impressionante."

Enquanto esse monólogo acontecia, o chefe da tripulação, à direita, chupava uma laranja e o nadador à esquerda, por coincidência, fazia o mesmo. Ambos entravam na conversa de vez em quando com sua opinião a respeito dos Steelers. Gostei de ouvir as idas e vindas descontraídas do bate-papo no meu fone de ouvido, embora fosse incapaz muitas vezes de dizer quem estava falando, a menos que fosse Theresa. Era como ter vozes na cabeça, pensamentos que não eram seus. O porta-aviões continuava passando. A batida constante dos rotores tornava impossível ficar acordado. Desabei em cima do cinto de segurança, as vozes sumindo no ruído de sonho. Quando despertei de supetão, as vozes haviam mudado para hóquei no gelo e alguém contava aos outros sobre um jogo ao qual havia ido.

"Vocês sabem quando, num jogo de futebol americano, um cara cai, a multidão fica toda quieta, e quando ele se levanta de novo e veem que ele não está machucado demais, eles vibram? Quando esse cara caiu, eles começaram uma contagem regressiva, como no boxe. E quando ele se levantou, jogaram coisas nele."

Olhei pela lateral do pássaro para o porta-aviões lá embaixo — o ninho do pássaro, suponho. O convés estava ocupado por gente vestida com roupas coloridas andando numa fila que se estendia de um lado ao outro do navio, como se estivessem num cruzeiro muito bem organizado. E então o deixamos para trás, e sobraram de novo apenas o oceano azul e o golpe dos rotores tomando o céu.

24.

Logo após o desembarque, voltei ao Controle do Convés de Voo, onde Ron comandava a azáfama postado em sua cadeira — que ele prontamente desocupou e me ofereceu. Sou o tipo de pessoa que, se está com os amigos, sempre tomará o melhor lugar da casa, o sofá com a melhor vista da televisão ou no caminho do som do hi-fi. Mas tive o bom senso de recusar essa oferta e não me sentar e rodopiar na cadeira de Ron como se eu fosse Gene Kranz.* Só fiquei perto dela, tomando cuidado para não jogar dinheiro fora por tocar ou pôr inadvertidamente qualquer coisa no tabuleiro Ouija.

"Então, é verdade que você vai se aposentar?", perguntei.

"Com certeza. Faço isso há 28 anos. Este é o meu sétimo porta-aviões. Tenho uma paixão absoluta por estar no convés de voo, pelos aviões em movimento e, talvez isso soe patriótico demais, por fazer isso pela liberdade. Mas sim, está chegando ao final para mim."

---

* Gene Kranz: famoso diretor de voo da Nasa que comandou o salvamento da nave *Apollo 13*.

Era típico daquele homem que ele fosse capaz de dizer isso sem um pingo de... Eu ia dizer "arrependimento", mas me lembrei daquele momento de *Carruagens de fogo* em que perguntam a Eric Liddell se ele se arrepende de ter abandonado a corrida (porque é um cristão devoto e não compete num domingo) e ele responde, sem hesitar: "Arrependimento eu tenho, mas não tenho nenhuma dúvida a respeito do que fiz". Talvez Ron não tivesse nenhum dos dois e foi assim que chegou ao ponto que havia atingido em sua vida. Mas o que o esperava?

"Tenho filhas pequenas e sinto que é meu dever de pai ir para casa agora e criar minhas filhas dentro de uma boa moral cristã."

"Você quer dizer educação em casa?"

"Sim. Queremos ser a influência sobre nossas filhas. Não queremos que os playgrounds das escolas públicas [isto é, estatais] influenciem o caráter delas, ou seus valores e sua moral. Nosso currículo baseia-se no cristianismo e em Deus. Não estou atacando a escola pública — de modo algum —, mas nos distanciamos muito das bases deste país. Ele foi fundado no cristianismo. Os separatistas que deixaram a Inglaterra partiram por um motivo: para que pudessem ser livres e praticar o cristianismo baseado em Deus. E nos distanciamos muito disso por causa da política de hoje. Não se pode mais nem fazer o juramento da bandeira nas escolas. As minhas filhas o fazem."

Ron disse isso no mesmo tom uniforme e apaixonado com que descreveu o funcionamento do convés de voo. Ele não dizia aquilo de um jeito louco, mas ainda assim me pareceu um pouco enlouquecido. E o plano parecia pré-programado para explodir na sua cara. Não é preciso ler *Father and Son* de Edmund Gosse para ver que esse é o tipo de educação que praticamente garante transformar seus filhos ou filhas em ateus, conversos ao islã ou apenas pirados em ácido. Mas — veja, é o benefício da dúvida —

talvez *pudesse* funcionar, talvez essas crianças se tornassem cristãs boas e íntegras que também educariam seus filhos em casa... E quem era eu para dizer que havia algo de errado nisso? Eu ainda achava que deveria conversar com Ron sobre sua ideia do que eram os Estados Unidos e como deveriam ser.

"Sabe, nós estamos aqui", disse eu, sem saber exatamente onde estávamos. "Estamos não sei a quantos quilômetros do Irã. Não é a essência e a grandeza dos Estados Unidos — ao contrário de uma teocracia como a do Irã — que vocês tenham liberdade de crença e prática religiosa, inclusive a liberdade de não acreditar em nada, exceto nessa liberdade?"

"Absolutamente." (Uma palavra favorita de Ron; nunca encontrei alguém que fosse capaz de fazer a palavra "absolutamente" soar tão... absoluta. Quando ele dizia "absolutamente" era para valer, absolutamente.) "Eu apoio isso por inteiro — essa é a beleza dos Estados Unidos. O direito à liberdade de expressão, de ser livre. Mas acho que fomos longe demais à esquerda disso e não estamos vendo tudo de forma igual. Nós — minha esposa e eu — seguimos aquilo sobre o que este país foi fundado, o que defendemos. Ele foi fundado por pessoas de todas as outras nações, negros e brancos, todas as diferentes religiões. E o fato de que todos nós podemos nos unir é incrível. Mas também precisamos respeitar aquilo sobre o que este país foi fundado. Eu sou um firme crente em Jesus Cristo como meu Salvador e em Deus e é nisso que queremos basear nosso currículo."

Nada do que Ron disse era surpreendente. Alguns anos antes, eu lera um artigo de Christopher Hitchens chamado "In Defense of Foxhole Atheists", em que ele dizia que "o conservadorismo cristão extremista irrefletido é a norma cultural em muitos círculos militares". Ron estava disposto a lutar e morrer pela Constituição, e eu, sem a clareza e o fervor argumentativo de Hitchens, não tinha certeza sobre o grau em que suas crenças estavam em

O USS *George H. W. Bush* (à dir.) visto de um helicóptero de busca e resgate.

Oficiais de sinalização de aterrissagem assistindo à decolagem de jatos. O autor é o segundo à direita.

Membro da tripulação no convés de voo.

A caminhada do FOD (detrito de objeto estranho).

Dormitórios masculinos à noite.

Hangar durante o crepúsculo.

A sala de Controle de Aproximação do Porta-Aviões.

Manutenção de um avião no hangar.

Sessão de exercícios físicos no convés do hangar.

Theresa Parisi, copilota do helicóptero,
com o HSC Trident Group.

Jatos estacionados no convés de voo.

Jatos sendo movidos para local de estacionamento à noite.

Aterrisagem de aviões de patrulha por radar.

Corredor à noite.

desacordo com ela. No entanto, o que estava claro e não era de todo surpreendente era que essas crenças espirituais não existem em um vácuo político e ideológico.

"Acho que exageramos em relação ao que o governo foi concebido de início para fazer", disse Ron. "O objetivo do governo era, em primeiro lugar, proteger o país com forças militares fortes — não tinha nada a ver com distribuições gratuitas. Nada com apoiar pessoas colocando comida na mesa — o governo não foi feito para isso. Eu tenho muitas outras opiniões sobre esse assunto."

"Sobre as reformas do sistema de saúde de Obama, por exemplo?"

"Estou indignado", disse Ron, mas embora estivesse indignado, não levantou a voz e continuou a falar com o sorriso que tinha animado seu rosto nessa e em nossa conversa anterior. "Veja a minha família. Tenho cinco irmãos e irmãs, todos batalhando. Em New Hampshire, perto da fronteira canadense. Três deles são empreiteiros, trabalham por conta própria na construção de casas. Sua assistência médica é simples: quando têm uma emergência, vão ao hospital e pagam pelo atendimento do próprio bolso. Agora eles serão obrigados a ter seguro-saúde e se não tiverem, isso será imposto a eles, pagarão uma multa ou até mesmo irão para a cadeia. Estão forçando as pessoas a fazer as coisas agora. Este é um país livre. Você tem escolhas. Você pode escolher entre estudar ou não. Você pode escolher entre obter um emprego ou não. Mas ser obrigado a ter seguro-saúde..."

Havia muita coisa para discordar. Como a frase sobre estudar ou não. Muita gente entrou para a Marinha justamente porque *não* podia escolher — não podia pagar — por uma educação superior. Então, foram *obrigados* a escolher a Marinha. E embora as reformas da saúde de Obama tenham provocado intensa indignação entre outros membros da tripulação com quem falei, um dos incentivos da Marinha para recrutar pessoas é a excelente assistência médica oferecida para gente que de outra forma não teria como pagar. Não sou um bom debatedor e, de qualquer modo, não estava lá para debater. Então perguntei a Ron sobre a próxima fase de sua vida, se achava que teria problemas de adaptação fora da intensidade absorvente de seu atual... emprego? A palavra quase não fazia justiça ao modo como ele passava seus dias.

"Toda a minha vida tive uma patente. Sempre fui um cara do convés de voo. Sou um oficial. Tenho um posto importante. Sou o comandante do manejo de aeronaves. Quando eu me aposentar, tudo isso acaba. E faço esse trabalho veloz e de alta excitação. Sim, tenho um grande desafio pela frente e confio que o Senhor tem um plano para mim. Espero que tenha."

Nossa conversa chegou ao fim pouco depois disso — os pássaros logo seriam lançados e recuperados —, e eu fiquei com muito para refletir sobre meu encontro com Ron. Ele era claramente um homem bom, um homem a quem você poderia confiar sua vida, sua esposa, seu carro, a defesa de seu país — qualquer coisa —, mas não obstante, um pouco assustador. Ron era a coisa mais próxima de um fanático que eu já conhecera, mas meu período no navio significava que estava encontrando uma América que eu não tinha visto antes, uma versão aquática do Meio-Oeste e do Cinturão da Bíblia do Sul. Apesar do que Bish havia dito quando nos mostrou a capela, era difícil resistir à conclusão de que eu estava em um navio intensamente religioso, com uma boa cota de pessoas que, pelos meus padrões, eram religiosos fanáticos. Tome-se o caso do guarda-marinha Newell, cujo único sinal de estranheza, você poderia pensar, era a devoção fanática ao seu bigode. Quando mencionei a ele que achava que Ron era um fundamentalista, ele anunciou que também era! Paul dedicara sua vida a Cristo — e era uma espetacular propaganda para incentivar a fazer o mesmo. Tratava-se de um grande sujeito, supereficiente em tudo o que fazia, sempre tomando a iniciativa quando eu não conseguia pensar em perguntas a fazer durante as entrevistas, sempre fornecendo informações adicionais sobre qualquer coisa que eu precisasse entender. E, então, toda vez que estávamos sozinhos, batíamos um papo e gracejávamos do jeito que caras fazem, falando sobre mulheres (embora não do jeito que a maioria dos caras faz: "a mais bela criação de Deus" era a designação preferida de Paul). Ainda assim, demorou um pouco até que eu pudesse abordar o tema de algo que ele fazia antes de cada refeição: baixar o rosto rápido e em silêncio poucos centímetros acima do prato, com as mãos de cada lado de sua cabeça, como se estivesse em um estado de completo desespero.

"Posso entender isso", eu disse numa hora de almoço. "Me sinto da mesma maneira em relação à comida. Mas agora que conheço você melhor, me dou conta de que você está pedindo a Deus força para enfrentar o calvário de comer esta porcaria."

"Na verdade, estou rezando por sua alma de ateu", disse ele.

"Um defeito foi encontrado nessa linha de telefone há mais de cem anos", eu disse. "Hoje, você não consegue nem mesmo um tom de discagem."

Era divertido brincar assim, mas embora eu fosse tão fervoroso na minha antifé quanto Paul era em sua crença, eu estaria mentindo se não confessasse uma ligeira fenda em minha armadura de descrença. À noite, na cama, eu passara de ouvir com prazer a oração pré-Apagar das Luzes a... não participar, exatamente, apenas me concentrar junto com ela, como uma forma de levar o dia a algum tipo de conclusão focalizada. *Pai Celestial...*

25.

A pessoa que explicava o papel desempenhado pela artilharia e nos mostrava um dos depósitos de munições do navio era o capitão de corveta Dave Fowler, do norte da Flórida, logo ao sul da divisa com o Alabama. Tinha seus quarenta e poucos anos, com cabelo escovinha atrás e nas laterais (ou seja, tinha o mesmo corte de cabelo de quase todos os homens brancos no barco que não estavam de cabeça raspada ou eram carecas). Ele entrou como marinheiro, tornou-se suboficial em 1996 e foi promovido a oficial em 2000.

"Eu detonei", disse ele com forte sotaque sulista.

"Por assim dizer", eu disse. A verdade é que Dave *ainda* estava detonando. Dava a impressão de que poderia explodir com eficiência e zelo. Ele desfiou tipos de bombas e nomes de mísseis, bombas inteligentes que podiam ser transformadas em bombas burras e bombas burras que podiam se tornar inteligentes. Seja lá para o que você quisesse uma bomba, é provável que ele pudesse consegui-la. Tinha bombas que podiam descer por uma chaminé como o Papai Noel, mandar imagens do conteúdo de sua sala de estar e, em seguida, explodir o lugar para todo o sempre, deixando a vizinhança chocada, mas incólume. Ele me apresentou a seu colega Jim, que tinha uma óbvia vantagem biológica sobre Dave: enorme e de cabeça raspada, tinha a compleição de uma bomba; não trabalhava na artilharia: ele *era* a artilharia. Quanto a Dave, era um astro de cinema, Jim me contou.

"É verdade, Dave?"

"Bem, em 2000, quando eu estava no USS *Belleau Wood*, Denzel Washington veio a bordo para filmar *Voltando a viver*, e eles abriram alguns dos papéis para o pessoal do serviço ativo que estava a bordo; eu me apresentei, li uma fala e Denzel me escolheu para ser o oficial encarregado de manter a ordem no navio.

"Por que ele o escolheu?"

"Acho que ele gostou do meu sotaque sulista."

"Sem dúvida", eu disse, aproximando meu gravador um pouco mais, para ter certeza de que o estava captando corretamente.

"De qualquer forma, eles filmaram e agora sei por que os filmes são tão perfeitos quando a gente assiste, porque filmam a mesma cena várias vezes. Fizemos isso tantas vezes que acabei com três palavras. 'Posição de sentido.' Filmei a cena com James Brolin, que interpretava o capitão. Um amigo me disse que Denzel ficou bravo porque James Brolin estragava suas falas e por isso tivemos que refazer a cena várias vezes. A maior parte acabou no chão da sala de montagem, mas aquele amigo me disse: 'Você não se dá conta do que fez'. 'Diabos, eu apenas filmei uma cena pequena para um filme.' 'Não, você teve um grande papel falado na estreia, com direção de Denzel Washington. Tem gente lá em Hollywood que mataria para ter essa chance.' Eu poderia estar no Screen Actors Guild, se quisesse. Aqueles foram meus quinze segundos de fama. Teve gente que veio até mim e disse: 'Você é o cara daquele maldito filme *Voltando a viver*?'."

"Grande história", eu disse. Então, olhando cabisbaixo para

o meu gravador: "Merda, a fita não funcionou. Você se importaria de repetir o que disse?".

Não esqueça que meu sotaque era tão incomum para Dave quanto o dele era para mim. Para ele, eu era o próprio som da anglicidade tensa, reforçado por um rosto inglês resolutamente sério. Por um momento, pareceu que ele de fato detonaria e depois houve risos e batidinhas no ombro por toda parte. Era uma típica piada inglesa de estopim prolongado e ação retardada.

"Ele pegou você!", explodiu Jim.

"É verdade", admitiu Dave.

Agora era hora de ficar sério e descer em um dos depósitos de munição — eu achava que já estávamos lá, mas era apenas uma espécie de antessala. Como espeleólogos do futuro, passamos através de escotilhas de tamanho suficiente apenas para levar um homem grande escada vertical abaixo.

"O.k.", disse Dave quando completamos a descida. "E aqui é o ponto alto." Como americanos adoram pontos altos! Ele estava certo, é claro, o ponto alto era ali, mas aquele não foi o único momento e lugar no porta-aviões em que tal afirmação foi feita. O ponto alto parecia estar em todo o navio. Por outro lado, os Estados Unidos *são* o lugar onde o ponto sonha em ser alto. Com certeza, o ponto não é alto com a mesma frequência ou entusiasmo na Inglaterra. Em muitos aspectos, a Inglaterra é o lugar onde, no que tange à altura do ponto, nunca há nada de novo no front.

Havia bombas e partes de bombas empilhadas por todo lado. Era uma Ikea de munições, convenientemente localizada não na periferia do navio, mas em seu porão, com tudo empilhado ordenadamente em partes, pronto para ser montado sem a ajuda de instruções não escritas, diagramas incompreensíveis e componentes vitais faltantes.

Tudo parecia que pesava pelo menos uma tonelada. O senso de ordem era o mesmo da explosiva ameaça que o asseio era projetado para contrariar. Mantenha limpo e ordenado e a letalidade pode se tornar inofensiva. Caos é ameaça. Confusão é perigo. "Este é um dos 34 depósitos", Dave explicou. "Os livros dizem que devemos ser capazes de comer do chão desses depósitos, então eles precisam ser mantidos escrupulosamente limpos. Gastamos um tempão na limpeza e fazendo inventário. Somos cem por cento responsáveis por cada peça de artilharia que temos aqui. Fazemos o tempo todo um inventário constante de tudo. Agora mesmo estamos fazendo uma grande revisão, em preparação para ir para casa, reexaminando, inventariando tudo. A checagem diurna está fazendo todo o inventário, a noturna revisa tudo e apoia o que a checagem diurna precisa fazer. Como você pode ver, as bombas estão guardadas bem espremidas. Tenho depósitos com mísseis e equipamentos auxiliares em que você não consegue pôr uma folha de papel entre as coisas. Então, tudo tem de ser exposto e inventariado."

Lembrei-me daqueles momentos — que aconteciam uma vez por ano — em que meu pai tinha de trabalhar no fim de semana, fazendo o balanço. Quando ele morreu — isso aconteceu depois que voltei do porta-aviões —, limpamos suas gavetas e encontramos caixas de grampos que ele havia contrabandeado do escritório e escondera em casa trinta anos antes, na expectativa de uma seca de grampos que nunca se concretizou. Dezenas de caixas de lápis também.

Enquanto Dave falava, vários marinheiros de camisas vermelhas — *mag rats*, como são conhecidos — manobravam partes de bombas em carrinhos por todo o depósito. Algumas das camisas ostentavam as iniciais IYAOYAS.

"O que significa aquilo?", perguntei.

"O lema do homem da artilharia da aviação é 'Paz através do poder: nós somos os braços de frota', explicou Dave. "Mas por causa da camaradagem muito estreita dos camisas vermelhas, que é provavelmente mais visível do que qualquer outra que existe na Marinha, alguém inventou o slogan IYAOYAS: 'Se você não é da artilharia, não é merda nenhuma' [sigla em inglês]." Paul disse que soube dessa camaradagem durante todo o seu tempo na Marinha. Era reconhecida por todos.

"Por que isso?", perguntei.

"Bem, olhe para o ambiente", disse Dave. "Quando você está trabalhando com o grande número de munições vivas que temos aqui, se houver um incêndio... Cada uma delas é uma arma de mais de duzentos quilos, cada uma delas tem a metade disso de enchimento explosivo. Então, um transportador... Estou olhando para setecentos quilos de enchimento explosivo em um transportador." (A coisa que eu tinha chamado de carrinho era um transportador, obviamente.) "Depois que isso sobe e faz bum, é uma reação em cadeia — essa coisa vai disparar como um rojão." Ele parecia subestimar as coisas. Um rojão era, em comparação, inofensivo, decorativo. "É assim que estamos unidos. Todo mundo tem que vigiar um ao outro. Aqui, não podemos fazer nada sozinhos. Nem sequer entramos num depósito sozinhos. Tudo é feito em um grupo de no mínimo dois. Em geral, estamos em grupos de cinco ou sete. Nossa montagem de armas vai de sete a dez pessoas trabalhando em conjunto."

Esses eram os aspectos práticos do dia a dia. A coisa subjacente, disse ele, "é que as regras pelas quais vivemos são escritas com sangue".

Disney, a personificação do éthos do piloto de caça de glória solitária, havia dito a mesma coisa. Essas reivindicações de uma herança de sangue competiam umas com as outras, mas não se anulavam mutuamente. O espírito comunitário do navio era incentivado pelo orgulho de cada departamento específico por sua contribuição única. Quanto mais perto essa contribuição chegava do perigo e do desencadeamento da violência, mais pronunciado

se tornava o orgulho. Tudo tinha a ver com quão perto você estava da ponta da lança, da ponta da ponta.
Jim aproveitou a deixa de Dave, embelezando ainda mais o credo IYAOYAS.
"Se um avião não está carregando munições, é uma droga de aeronave para o prazer. Se não tivéssemos munição, este navio seria apenas uma plataforma flutuante para um monte de cinegrafistas metidos a besta e ganhando dinheiro demais para fazer um show aéreo."
Havia até competição dentro dos grupos para expressar desprezo pelos rivais, como uma forma de confirmar sua lealdade a seus pares. "Se é um de dois lugares é apenas alguém no banco de trás gritando 'obaaaa!...'." Ah, então eles estavam de acordo com Disney quanto a isso.
"E se for um piloto sozinho sem munições, é apenas outra companhia aérea não planejada", disse Jim, rompendo essa aliança momentânea com os pilotos.
"Você pode voar rápido e rastrear alguém. Mas se você voa rápido e rastreia os caras, faz o que depois?", perguntou Dave.
"Manda todos para o inferno!", eu disse, pegando o jeito da coisa.
"*Se* você tiver munição", explodiram Dave e Jim juntos.

26.

No porta-aviões, além de malhar, não há muito o que fazer depois do trabalho. De qualquer modo, a expressão "depois do trabalho" é um pouco enganadora, já que, para muitos membros da tripulação, isso não existe. Jornadas de catorze horas não são incomuns. E alguns marinheiros passam seu tempo livre estudando — que é o que os alunos chamam de trabalho. Depois, há o problema de *aonde* ir depois do trabalho em um lugar que é essencialmente um gigantesco local de trabalho. Passam filmes quase todas as noites nas grandes telas de TV dos refeitórios, mas o Halloween teve uma influência terrível sobre a programação:

Sexta-feira, 28 de outubro: *O massacre da serra elétrica*
Sábado, 29 de outubro: *O exorcista*
Domingo, 30 de outubro: *Halloween: A noite do terror*

Talvez agora, passado o Halloween, a gente começasse a ter filmes melhores. Naturalmente, eu gostaria de ser o curador convidado para os filmes exibidos na minha última semana no navio, mas ninguém pediu que eu me envolvesse. Talvez temessem um programa inadequado de Tarkóvski e Antonioni, quando, na verdade, eu teria escolhido filmes com um tema náutico, um ciclo especial de filmes britânicos da Segunda Guerra Mundial com um título do tipo "A guerra no mar: um tributo a John Mills". Ou uma semana de filmes de submarinos... Por outro lado, é possível que, depois de seis meses no mar, já tivessem exibido todos os filmes marítimos produzidos e tivessem perdido a conta das vezes em que haviam visto *O barco, Mestre dos mares, O destino do Poseidon, Titanic...*

Na maioria das noites, as pessoas nos refeitórios, além de assistir a filmes, passavam o tempo jogando cartas ou dominó (popular junto aos latinos) ou sentadas tranquilamente. Ao contrário da vida social em bares, restaurantes e festas, a variedade naval americana carecia do ingrediente essencial que alimenta a ascensão de tentativas iniciais de conversa para opiniões veementes, efusão de afetos, pensamento confuso e eventuais socos: álcool! Todos já estivemos em festas e jantares em que uma ou duas pessoas não bebem, mas e numa festa onde *todo mundo* está a seco? Merda, você bem que poderia se converter ao islamismo radical e se intoxicar — ter um barato — com isso.

Assim como imaginei que haveria mesas de pingue-pongue e quadras de badminton a bordo, eu também esperava que haveria bares. Ou pelo menos *um* bar. Era onde eu me imaginava depois de jogar pingue-pongue, ouvindo histórias de marinheiros com a língua solta como um antiquado jornalista britânico, deixando correr a conta e depois incluindo tudo em "despesas" ao voltar para a redação. Um único dia a bordo foi o suficiente para me desiludir dessa fantasia; a ideia de permitir álcool no navio parecia insana — embora conste que navios britânicos e australianos permitem certa quantidade de bebida.

Não era apenas que não tinha birita: não tinha nem sinal do

cenário ou dos adereços do álcool, nenhuma das coisas que fazem você querer permanecer em bares e pubs. Essa não era a vida como a conhecemos ou que queremos, em que drinques às dezoito ou dezenove horas sinalizam a transição do expediente para o lazer, para ser livre para fazer o que quiser (encher a cara!).

Então, lá estávamos nós em um ambiente bem pouco propício a uma farra, observados sempre por seguranças armados, de olho em tudo, certificando-se de que nada saísse do controle, fosse no âmbito competitivo (dominó é um passatempo potencialmente explosivo), argumentativo ou romântico (as "Regras de Convivência" estavam bem visíveis).

A coisa mais próxima de um bar era o Lone Star Café, uma franquia da Starbucks que servia um café decente. Parecia bom, mas sempre que Paul propunha que fôssemos até lá, estava fechado ou o contrário, com uma fila longa demais, ou o dia já estava muito perto do fim para eu beber café sem fritar o cérebro. Se, com base em minha residência de duas semanas, eu algum dia for solicitado a projetar um porta-aviões, vou criar mais lugares como esse, lugares que se parecem com bares, ambientes acolhedores com letreiro vermelho e muito neon, para que as pessoas se sintam como se estivessem em um episódio de *Cheers* e desfrutem de uma miragem da vida em casa.

Todos falavam da saudade de suas famílias. Se fosse para acreditar nessa turma, a única coisa de que sentiam falta era suas famílias. Ninguém dizia que sentia saudade de restaurantes ou bares, de se encontrar com amigos ou ir a festas e boates. Mas mesmo que muita gente do navio tivesse tido filhos cedo e se casado mais cedo ainda, devia sobrar a bordo muita gente sem filhos e solteira, que provavelmente sentia falta de sair com amigos, ficar bêbado, pegar garotas — ou garotos — e fazer sexo casual. E o que dizer de outras coisas: janelas com vistas, árvores, fins de semana, dar uma volta de carro, sentar-se num parque e ler um livro, acesso à pornografia on-line, comprar mantimentos numa banca do mercado, experimentar roupas em lojas, caminhar para casa à noite quando está prestes a chover e chegar no exato momento em que o céu despenca? Ninguém mencionou essas coisas — porque não podiam suportar? Porque o tormento de sentir falta dessas coisas era tão grande que nem conseguiam citá-las?

No caminho de volta de uma de minhas expedições infrutíferas ao Lone Star Café com Paul e o fotógrafo topei com a mulher do hangar com olhos luminosos e marido ex-fuzileiro naval. Não era a primeira vez que isso acontecia. A história que me contaram sobre os dois irmãos que serviram no mesmo porta-aviões durante sete meses sem nunca se encontrarem deve ter sido uma lenda urbana náutica. O porta-aviões não era *tão* grande assim e, no decorrer de um dia, você cruzava com um monte de gente — ou, pelo menos, era o que acontecia comigo. Admito que meus dias eram bem diferentes dos da maioria, pois envolviam perambular pelo navio com Paul, encontrando e cumprimentando pessoas como se eu estivesse sendo preparado para um cargo de prefeito inexistente: *Oi, como vai? Quais são as coisas no navio que realmente o preocupam? Entendo. Estas são exatamente as coisas que me preocupam. Espero poder contar com o seu voto*. Eu não só topava com muitas pessoas, como topava com as *mesmas* pessoas. Não porque estivesse confinado à classe executiva ou à seção exclusiva dos oficiais do navio, mas porque era assim que acontecia — é assim que a *vida* acontece.

Em particular, eu não parava de cruzar com a mulher do hangar. Talvez eu encontrasse também com outras pessoas de seu trabalho ou seção, mas só estava consciente de topar com ela. Seus olhos pareciam ter sempre um brilho especial do tipo que-bom-te-ver que talvez não passasse de um reflexo da voltagem extra que a visão dela sempre trazia para os *meus* olhos. Não me iludo: não havia nenhuma razão para que, com seu marido ex-fuzileiro naval e o filho em casa, seus olhos se iluminassem com a visão deste civil idoso (com idade para ser pai dela, é provável que com cinco ou dez anos de sobra). Não, nenhuma razão. Ela era uma daquelas pessoas que têm aquele brilho extra, mas o *fato* é que eu continuava trombando com ela, e esses encontros, uma ou duas vezes por dia, constituíam um dos meus pontos altos diários.

27.

Noite de domingo. Eu estava profundamente adormecido, meus ouvidos estavam obstruídos, como de costume, com tampões de ouvido de cera, mas o anúncio no circuito principal era claro, alto, impossível de ignorar.

"*Homem ao mar, homem ao mar.*"

O trecho seguinte era óbvio para todos no barco, exceto para mim: algo sobre estações de revista. Imediatamente ouvi passos pesados e apressados e, em seguida, mais uma vez:

"*Homem ao mar, homem ao mar. Tempo: mais um.*"

A voz humana, não pré-gravada ou automatizada, era calma e imperativa, uma combinação perfeita de urgência e nenhum pânico. Não sabendo o que fazer — era provavelmente um exercício — continuei deitado. Outro minuto se passou:

"*Tempo: mais dois.*"

Então Paul bateu na minha porta.

"É um exercício?", perguntei, me escondendo nu atrás da porta.

"Não, é para valer. Mas o melhor é você ficar em seu quarto."

"*Tempo: mais três.*"
Voltei para minha cama, aquele adorável bote salva-vidas, enquanto todo mundo corria para onde devia estar. Não havia nada a fazer a não ser pensar em como seria estar na pele da pessoa sozinha no oceano escuro. Melhor, de certa forma, morrer com muitos outros, como quando o *Titanic* afundou, ou num navio mercante torpedeado por submarinos.

"*Tempo: mais quatro.*"
Eu estava em meu beliche, escutando mais passos na escada, ouvindo o tempo passar. Lembrei-me de "Castaway", de Cowper — "*Of friends, of hope, of all bereft,/ His floating home forever left*"* — e *Pincher Martin*, de William Golding: "Ele nem sequer teve tempo para tirar suas botas marítimas".

As embarcações de salvamento, presumivelmente, estavam sendo baixadas e lançadas, nadadores se preparavam.

"*Tempo: mais cinco.*" E depois: "*Os seguintes indivíduos se apresentem ao tombadilho com seu cartão de identificação. De Sistemas de Combate: ET3 Denny; de Suprimentos: ET2 Luskin, AD3 Smith; do Ar: ADAN Fletcher; de Ops: OSSN Lucas...*". Perdi a noção dos nomes, talvez dez ou doze deles, os que não foram localizados, os desaparecidos.

"*Tempo: mais seis.*"
A lista foi repetida com alguns nomes acrescentados e alguns removidos até que, após esse breve interlúdio de expansão e contração, ela começou gradualmente a encolher — seis nomes, depois cinco — à medida que o destino convergia para cada vez menos pessoas:

"*Os seguintes indivíduos se apresentem no tombadilho com seu cartão de identificação. De Suprimentos, ET2 Luskin, AD3*

---

* "O náufrago", poema de William Cowper (1731-1800): "De amigos, de esperança, de tudo desprovido,/ Seu lar flutuante para sempre perdido".

Smith; de Ops, OSSN Lucas..." Era como ouvir a bola chocalhando numa roda de roleta, à espera de saber onde — em quem — ela iria pousar.

O tempo continuava a transcorrer, sem aumento ou diminuição de urgência ou desespero:

"*Tempo: mais oito.*"

Nada a fazer senão ficar deitado na minha estante, confortável — seco e quente — na certeza de que eu não estava me afogando, que estava localizado, que o meu número não fora escolhido, que minha hora não havia chegado.

Então, parecendo claramente irritado (mas imediatamente reconhecível como o homem que proclamava todos os dias que era mais um magnífico dia para estar no mar): "Da ponte do USS *George Bush*, aqui é o capitão. Ei, quem está jogando alguma coisa pela lateral deste navio precisa parar *imediatamente*".

Quando chegamos a "*Tempo: mais onze*", a lista dos desaparecidos tinha encolhido para apenas dois: "*Os seguintes indivíduos se apresentem ao tombadilho com o seu cartão de identificação: De Suprimentos: ET2 Luskin, AD3 Smith*".

Deitado em meu beliche. Vivo.

"*Tempo: mais doze.*"

"*O seguinte se apresente no tombadilho com seu cartão de identificação. De Suprimentos: AD3 Smith.*"

Então era isso: se havia um homem ao mar era AD3 Smith, para quem o tempo não estava aumentando, mas estava em contagem regressiva, esgotando-se. Uma pessoa em 5 mil.

Em "*Tempo: mais dezoito*" o capitão entrou no Circuito Principal de novo: "Um colete de flutuação foi apanhado. Temos uma revista plena e total de todos a bordo. Vamos analisar a questão do colete de flutuação e liberar da revista do homem ao mar".

Então Smith tinha aparecido. Todo mundo estava em segurança, presente e — a expressão nunca pareceu tão carinhosa —

contabilizado. Eu estava na minha cama. O som de passos contabilizados recomeçou lá fora, nos corredores dos vivos, para cima e para baixo das escadas dos que respiravam. Não houve mais anúncios. O tempo retomou o seu habitual transcorrer não contabilizado.

28.

No café da manhã do dia seguinte, com o meu dom para brincadeiras idiotas, ancoradas em conhecimento zero, observei que contabilizar cada um dos 5 mil tripulantes em dezoito minutos tinha sido extremamente rápido. Na verdade, tinha sido uma revista lenta e deveria ter sido feita em quinze minutos. Oh.

Um dos motivos por que deveria ter sido feita com mais rapidez é que esses alertas de homem ao mar não eram tão incomuns como se poderia supor. Em um navio, dois sujeitos insatisfeitos da manutenção jogaram ao mar coletes flutuantes ou bastões fluorescentes em três noites sucessivas, como forma de protesto. Em outro, houve um suicídio: alguém se enrolou em correntes do convés de voo e saltou no oceano. (Uma morte bem mais *respeitável* do que Virginia Woolf se atirando no Ouse com o bolso cheio de pedras.)

"Como o Jonas em *O senhor dos mares*", arrisquei. (Por alguma razão, aquela manhã eu estava desesperado para meter minha colher na conversa.) O corpo nunca foi encontrado, mas ele havia deixado um bilhete. Outro candidato ao suicídio mudou de ideia.

Assim que caiu na água, apelou para o exercício de sobrevivência que aprendera no treinamento (tirar as botas e as calças, amarrar as pernas e inflá-las sobre a cabeça), sobreviveu três horas na água e se viu na merda total quando foi por fim içado depois de uma noite — para dizer o mínimo — de emoções profundamente contraditórias. (Que filósofo espertinho disse que era a favor do suicídio em nome do direito das pessoas de cometer erros?)

Encorajado pelo café, pelo relativo sucesso do meu comentário sobre *O senhor dos mares* (que não fora aplaudido nem ridicularizado) e pelo astral geralmente descontraído, arrisquei outra observação ex cathedra, a saber, que é muito difícil cair no mar por acidente. E dessa vez eu acertei! É *difícil*. A menos que você seja jogado ao mar por uma turbina. Isso pode acontecer: uma rajada de ar escaldante com força para levantá-lo do chão e jogá-lo para fora do navio, uma queda de quinze metros e, depois, uma quantidade não especificada de tempo num mar infestado de tubarões e águas-vivas. Para um viciado em adrenalina propenso a acidentes, isso deve valer muitos pontos.

29.

Sob vários aspectos, o susto do homem ao mar era representativo da vida no navio.

Um evento excepcional foi tratado com a aplicação meticulosa de uma rotina infinitamente ensaiada. Tão frequentes são os ensaios — e levados tão a sério — que a distinção entre exercício e "a coisa para valer" (como disse Paul) é irrelevante. (Até mesmo fazer a pergunta, como eu fiz, é sinal de que se é um outsider: uma perda de tempo que, os pronunciamentos deixaram claro, era absolutamente essencial.)

Outra coisa: jamais há um momento monótono. Mas isso se traduz em: jamais há um momento de paz, nenhuma garantia de uma boa noite de sono. Nunca há um momento de tédio e, contudo, a vida é uma sucessão interminável de momentos assim (a ideia é fazer com que até mesmo a mais inesperada emergência seja uma questão de rotina), em especial para aqueles que varrem o convés, ou limpam, esfregam, lavam, lustram. Dia após dia, durante sete meses.

Isso foi confirmado quando acompanhei dois dos seguranças, Chris e Myrl, em suas rondas. Eles pareciam muito maus, biologicamente dispostos e militarmente programados para não dar folga, para ouvir com indiferença as desculpas esfarrapadas antes de chegar à séria questão de aplicar a punição. (Chris, em particular — digo "Chris", mas, na verdade, estou com dificuldade agora para lembrar quem era quem —, tinha a aparência de uma linguiça que foi frita sem ser furada, correndo o risco de estourar.) Esse era o aspecto deles no começo, mas no decorrer do tempo que passamos juntos, percebi que suas expressões faciais faziam parte do uniforme, uma coisa que punham todos os dias antes de trabalhar.

Começamos onde eu os vira pela primeira vez, no refeitório, naquele instante vazio porque estava sendo limpo. Mesas e cadeiras constituíam uma única unidade articulada, com os assentos postos em ângulo sobre as mesas, para facilitar a limpeza, como as asas dos aviões na plataforma de voo. De lá partimos numa excursão pelos cantos e recantos onde as pessoas escondiam bebidas e os armários de roupas de cama onde eram pegas transando.

"Conhecemos todos os lugares furtivos", disse Myrl. "Às vezes, encontramos dois casais nesses lugares remotos."

"*Dois* casais? Uau! Há *swingers* no navio?"

"Quer dizer, duas pessoas, me desculpe. *Um* casal." Parecia mais provável a gente encontrar não casais duplos, mas meio casal: membros da tripulação solitários que nem estavam à procura de onde se masturbar, mas só queriam um lugar onde pudessem ficar sozinhos. Chris e Myrl — que passavam mais tempo juntos do que um casal — compreendiam essa necessidade.

"O único momento em que você tem alguma privacidade é na cabeça ou no beliche", disse Chris. Encontramos um extintor de incêndio cuja coisa à prova de adulteração tinha sido adulterada. Checamos uma saliência de reabastecimento, que, como disse Myrl, era "outro esconderijo popular". Isso dizia tudo. Mesmo os lugares onde você esperava passar algum tempo com o seu amor secreto ou sozinho eram "populares".

Circulamos sem pressa. Não havia nada acontecendo, nada fora do lugar, mas isso era de esperar. Somente quando o navio parava em um porto era que o trabalho de Chris e Myrl ficava interessante — de duas maneiras bastante opostas. O navio tinha de ser protegido porque era quando havia maior risco de ataque terrorista. E todos os marinheiros voltavam bêbados. Eles eram estimulados a tomar apenas um drinque por hora (o que, em círculos literários, soa como um voto de abstinência) e a Marinha os encorajava a voltar para o navio, em vez de passar a noite em terra, com todas as possibilidades concomitantes de se divertir muito mais e arranjar muito mais confusão. Então, se pudessem seguir os procedimentos adequados, se estivessem sóbrios o suficiente para pedir permissão para subir a bordo e não ficassem zanzando além da conta, estava tudo bem.

Chris e Myrl eram jovens — 27 e 23 anos, respectivamente — e ambos antes queriam ser policiais; mas os dois disseram várias vezes que estavam ali não para prender seus companheiros, mas para ajudá-los.

"A diferença entre um de nós e estar atrás das grades", disse Chris (que, repito, poderia ser Myrl), "é um dia ruim."

Nossa patrulha havia sido monótona ao extremo. Como tantas vezes na vida da Marinha, o tédio parecia ser o pior inimigo, mas ainda pior do que ele — tão pior que era impensável — era a ideia de que poderia ser inútil. Todos os treinamentos, a redundância, as patrulhas e a checagem — era preciso tirar da cabeça das pessoas a ideia de que *tudo* pudesse ser um desperdício de tempo, de que tudo poderia ser ignorado. Na verdade, isso é surpreendentemente fácil, pois um porta-aviões — ou qualquer instituição militar — existe em um estado de ameaça potencial constante (de acidentes ou de ataque) e é apenas transformando as reações em rotina que essas ameaças podem ser tratadas com calma ao se concretizarem. Assim, uma mobilização bem-sucedida, em que não há perda de vidas e ninguém fica gravemente ferido, se assemelha muito a uma série interminável de ensaios gerais para uma performance (um incêndio verdadeiro, por exemplo) que é *menos* dramática do que qualquer uma das simulações que a antecederam. Dia após dia, as pessoas labutam, fazendo suas rondas no navio que está dando voltas e voltas em um pedaço de mar, em um planeta que também está dando suas voltas. W. H. Auden disse que a poesia não faz nada acontecer, e muito do que acontece em um porta-aviões é dedicado a transformar o navio em um poema (outra razão para a mudança de nome sugerida antes?), a garantir que nada aconteça. Então, vamos dando voltas e voltas (assim como eu tinha dado voltas e voltas no helicóptero alguns dias antes), com Chris e Myrl fazendo a sua parte, patrulhando pontos furtivos e relações amorosas no armário de roupa de cama, sem esperar encontrar nada, e satisfeitos, de um jeito um pouco desapontado, quando não encontram. Ao longo dos corredores, em torno das passarelas, subindo e descendo escadas, lá vão eles, gastando os dias dessa vasta e orbital mobilização, ficando um dia mais perto de ir para casa e ver a filha de um ano que está seguindo em frente, fazendo a sua parte (embora em uma única direção), ao ficar um dia mais velha.

30.

Estávamos alguns minutos atrasados para a caminhada do FOD (detrito de objeto estranho, na sigla em inglês). Quando chegamos ao convés de voo, havia uma linha de tripulantes com capacete e visor, com três ou quatro pessoas de profundidade, atravessada na proa do navio vindo em nossa direção. (Ah, então *isso* era o passeio no convés de voo que havíamos observado do helicóptero dois dias antes!) Era como a pintura *O quarto Estado*, de Pellizza da Volpedo, reencenada em algum futuro colorido de ficção científica. Nossos craniais significavam que também havia um silêncio de pintura. Uma coalizão arco-íris de coletes de flutuação, camisas e capacetes — tudo emoldurado pelo horizonte de mar e céu — era uma exibição muito impressionante de poder tecnológico-humano, mas, uma vez que todos andavam devagar, de cabeça baixa, também lembrava uma cena vista de tempos em tempos nos telejornais: uma linha de policiais vasculhando uma área rural de maneira igualmente ordenada, à procura de pistas depois de um estudante desaparecer, alheios ao ambiente bucólico, conscientes apenas do que estão procurando.

E era assim também no navio. Eles avançavam centímetros. Ninguém levantava a cabeça, todo mundo estava concentrado em achar o pedaço de metal ou lixo que havia de algum modo acabado no convés e que poderia ser sugado pelas turbinas dos jatos. Os aviões eram incrivelmente poderosos, mas esse poder coexistia com uma alta vulnerabilidade e suscetibilidade a falhas súbitas e catastróficas. "São necessários cerca de 80 mil rebites, 30 mil arruelas, 10 mil parafusos e porcas para ajudar a fazer um avião voar, e apenas uma porca para destruí-lo", diziam cartazes espalhados pelo navio.

A fila silenciosa avançou em nossa direção, uma força antinatural em lento movimento. Resistimos um pouco e, em seguida, nos viramos e nos juntamos à caça. Alguns caras traziam bolsas de couro. Quando alguém achava alguma coisa — uma peça de metal, pedacinhos de pedra, coisas pequenas demais até para ter um nome —, a erguia e punha numa bolsa. Lembrei-me do festival Burning Man, no deserto de Black Rock, com a sua adesão escrupulosa à política de não deixar nenhum rastro e uma obsessão similar com MOOP (material fora do lugar, na sigla em inglês).

Era um dia agradável — era um dia agradável todos os dias — mas não havia tempo, no final da caminhada do FOD, para simplesmente ficar por ali, passear, apreciar a vista. As pessoas se dispersaram rapidamente e voltaram para sua vida submarina sem sol no convés inferior.

No caminho de volta ao meu quarto, parei para ouvir o anúncio diário do capitão. "É um dia lindíííííssimo para estar no mar", disse ele. "Um dia *fantástico*. Acho que devemos devolver nossos cheques de pagamento para a Marinha pelo privilégio de estarmos hoje no mar."

31.

Não escapara da minha atenção o fato de que todo mundo no navio tinha dentes como os das estrelas de Hollywood: brancos, retos, brilhantes, uniformemente perfeitos. Paul e eu fomos até o centro cirúrgico para ver como essa excelência ortodôntica anônima era produzida e mantida. As paredes da recepção estavam repletas de folhetos coloridos cheios de históricos odontológicos da tripulação. Justamente quando eu estava pensando como aquilo *se parecia* com um consultório de dentista na Inglaterra, antiquado e comum, vi uma coisa extraordinária: alguém *mais velho* do que eu desaparecendo por um corredor. Até que enfim! Bryan Foster, o jovem que me acompanhava, confirmou: havia de fato um dentista de sessenta anos de idade a bordo. Sessenta, pelos padrões americanos, não é velho, mas num contexto onde a idade média está em torno de 22 anos, ele parecia *arcaico*, como um ancião de uma aldeia no Afeganistão ou um profeta que tivesse sobrado de alguma época anterior do desenvolvimento humano, antes que a juventude herdasse a Terra e tomasse o navio.

Quanto a Bryan — o simpático e de idade normal Bryan —,

ele estivera no Afeganistão por oito meses e passara uma parte desse tempo em Helmand com as forças britânicas, lidando com baixas de combate.

"Lesões faciais, esse tipo de coisa?", perguntei, supondo que o combate exigia que sua área de especialização talvez se estendesse para a região em torno da boca e dos dentes.

"Não, tudo, senhor. Torniquetes, amputações, estripações, explosões de dispositivos explosivos improvisados, tudo o que imaginar. Muitos dos marinheiros alistados que você verá aqui são treinados em atendimento odontológico e acidentes de combate. Esperam que sejamos capazes de fazer tudo."

Eu descobrira, no decorrer dos últimos três ou quatro anos, que admirava profundamente muitos dos soldados sobre os quais havia lido nos livros ou visto em documentários sobre o Iraque e o Afeganistão. Mas tão impressionantes quanto os soldados de combate eram os médicos militares, cujo trabalho era remendar seus companheiros mutilados, civis desafortunados apanhados na luta e, às vezes, seus inimigos. Bryan tinha feito tudo isso e ainda conseguia me guiar em seu local de trabalho atual como se nada lhe causasse mais orgulho e satisfação do que a excelente qualidade da ortodontia ali disponível. As pessoas falam às vezes que se sentem "humildes", mas não era assim que eu me sentia no navio; estava mais para a consciência de estar frequentemente na presença de indivíduos superiores cuja capacidade e experiência eram bem diferentes daquelas com que me deparava — eu conhecia muitos escritores e artistas — na praia.

Enquanto Bryan me mostrava as várias salas de tratamento, onde os pacientes tinham seus dentes perfurados e limpos de forma indolor e reforçavam seu potencial de mastigar e sorrir, eu estava consciente de outra coisa que muitas vezes acontecia no decorrer de meu trabalho: eu não estava concentrado no que estava vendo e ouvindo. Em vez de fazer anotações e perguntas sobre a forma como o centro cirúrgico era administrado, eu estava ensaiando mentalmente uma conversinha por meio da qual, talvez, como parte de minha pesquisa, se houvesse um horário disponível, seria útil, *como parte de minha pesquisa*, ter meus dentes tortos ingleses examinados, limpos e polidos. Quando finalmente levantei a possibilidade, Bryan julgou a ideia excelente e ficou muito feliz por poder demonstrar a excelência do serviço prestado. Ele deu uma olhada na agenda e perguntou se eu poderia voltar às oito. Olhei para o relógio. Passava um pouquinho das seis. Pense nisso por um momento: estavam me oferecendo uma consulta para dali a duas horas. Não, não é um erro. Ele não disse dois meses, duas semanas ou dois dias: disse duas *horas*. Aceitei, com meu sorriso torto, amarelado, de parasita inglês.

"Ah, tem mais uma coisa", eu disse a Bryan. "Aquele velho que vimos? Eu gostaria de ter uma chance de falar com ele." Eu não tinha nada a perguntar a ele, exceto tripudiar: "Como é que é ser tão velho?", ou "Ei, vovô, como é a sensação de ser o cara mais velho do navio?". Bryan olhou ao redor, mas ele não estava à vista. E não estava lá quando voltei mais tarde para o centro cirúrgico naquela noite. Ele nunca estava em nenhum lugar. E, assim, ele assumiu o aspecto de uma aparição ou fantasma, fruto da minha imaginação, um espírito que eu havia conjurado para me fazer sentir mais jovem.

A TV exibia uma epopeia de artes marciais/ espada e feitiçaria quando voltei para o centro cirúrgico. O volume estava muito alto, não para encobrir o terrível som da broca e dos gritos, mas porque estávamos em um porta-aviões onde o som de qualquer aparelho de televisão digno desse nome estava sempre com volume altíssimo, como no festival de Glastonbury. Preenchi um monte de formulários, brinquei dizendo que esperava não estar assinando qualquer coisa que significasse que eu era responsável pelo custo total de mão de obra e materiais (ha ha!), fui levado a uma sala e apresentado ao HM1 Wang, que me empurrou para a cadeira e começou a trabalhar. Era o mesmo tipo de coisa a que eu já tinha me submetido em Londres — raspar e escarafunchar com aguilhão, polir com zumbido profundo, passar fio dental e, a cereja do bolo, uma dose de algum tipo de fluoreto de alta intensidade —, porém parecia mais trato do que tratamento, ou, pelo menos, se pensamos "tratamento" como num spa. Sabe aquela sensação que se tem quando se recebe uma massagem ou alguma terapia-mimo totalmente supérflua e se sente o tempo flutuando? Quando você acha que poderia ficar lá para o resto da eternidade? É mais ou menos como me senti ali, como se alguns chacras da sabedoria estivessem sendo desbloqueados sem dor. Foi certamente a única vez que estive num dentista e quis ficar mais tempo, feito mais coisas. É uma pena que tenha sido apenas uma limpeza, que não houvesse um trabalho de canal ou uma coroa e uma ponte a serem instaladas, uma experiência potencialmente dolorosa (tanto do ponto de vista físico como do financeiro) que teria sido de todo indolor graças à habilidade do dentista e à consciência de que eu a tinha de graça.

A hora passou terrivelmente depressa. A cadeira voltou ao modo vertical. Olhei no espelho para meus brilhantes, mais-brancos-do-que-nunca (mas ainda tortos), felizes, quase-americanos dentes. Era esse outro motivo para que estivessem sempre sorridentes no porta-aviões — para exibir os dentes? De volta à recepção, era tudo de fato, como dizem, sorrisos. Até ganhei de presente um conjunto completo de registros dentários como lembrança.

Eram nove e meia. Voltei para o meu quarto e, pela primeira vez em quarenta anos, fui para a cama sem escovar os dentes.

32.

O lugar mais lotado naquele navio lotado era o fumódromo: uma pequena área perto da popa do barco, a estibordo, de talvez 4,5 por 4,5 metros, com espaço para cerca de vinte pessoas fumarem de pé. (Foi o que ouvi dizer: parecia um lugar tão nojento que não pus os pés lá.) A fila para entrar era sempre imensa, como as de viciados à espera de crack ou heroína em *The Wire*. Existe uma ligação de longa data entre a Marinha e o fumo (os cigarros Player's que minha mãe costumava fumar tinham de fato um marinheiro no maço), mas parecia estranho que a Marinha não simplificasse as coisas e declarasse o navio um lugar livre de tabaco. As pessoas ficariam irritadiças por um tempo, mas depois a fissura por nicotina passaria e elas estariam isentas dessa compulsão de gastar tanto do pouco tempo livre que tinham na fila para fumar. O contra-argumento é que fumar é um prazer, um dos poucos disponíveis durante uma mobilização sem sexo nem bebida. Agora, me diga: se você pode ficar sem bebida e sem sexo, então por que não ficar sem fumar também? Em especial porque os cigarros não são uma fonte de prazer. Um cigarro serve principalmente para aliviar a fissura por um cigarro, elimina a dor de querer um cigarro. Tire o cigarro e você tira a fissura também. Mas, ei, que sei eu disso? Nunca fumei.

O mais incrível é que esses fumantes poderiam estar desfrutando do ar sem fumaça do convés de ré. Esse local idílico estava sempre tão vazio que eu imaginara que as pessoas não estavam autorizadas a frequentá-lo — mas estavam, aparentemente, exceto quando os aviões pousavam, quando havia a possibilidade de um jato bater na parte de trás do navio e causar muitas vítimas. Mesmo naquela noite, a menos de um minuto a pé do fumódromo, havia apenas os caras de guarda, olhando para um mar que mal balançava. Um poço de petróleo estava empoleirado no horizonte, com o brilho vermelho de um sol em miniatura, uma fração do tamanho do colosso de fritar os olhos com que estamos acostumados. Era como um sonho do futuro astrofísico, quando o sol já tivesse se consumido, ficado sem combustível e fosse apenas uma brasa de seu eu anterior. Ele lançava um débil brilho avermelhado, quase insuficiente para iluminar as nuvens escuras de poluição do petróleo que baixavam sobre ele. Seus dias estavam contados, ao passo que a lua estava em ascensão: nítida como um disco, criava um brilho metálico em nossa esteira. Ao seu modo discreto, não--com-uma-explosão-quase-nem-mesmo-com-um-suspiro,* era uma das visões mais apocalípticas que eu já tinha visto.

Aviões pousavam. De início, cada um deles era uma bolha alaranjada de luz, depois uma linha horizontal de semáforos — verde, laranja, vermelho — e, por fim, um estrondo sólido de luz gritando diretamente sobre a cabeça.[1]

---

* Alusão ao famoso verso de "The Hollow Men", de T. S. Eliot: "*Not with a bang but a whimper*".
1. Obtive permissão para ficar lá enquanto os aviões pousavam.

* * *

À medida que os dias passavam, eu procurava mais e mais oportunidades para ficar no convés de ré e transformar minha mobilização em uma espécie de cruzeiro do prazer, acompanhado por acessórios militares. Sob o menor pretexto, eu pedia para ser escoltado até lá, a fim de me sentar em um cabrestante e olhar para o mar e o céu: o banho de espuma azul-turquesa da esteira do porta-aviões, às vezes um petroleiro empoleirado preguiçosamente no horizonte, helicópteros circulando sem parar. Nunca tive coragem de pôr meus fones de ouvido e escutar a seleção de músicas náuticas que eu havia preparado antes de embarcar (e que eu nunca tinha ouvido), embora pudesse provavelmente me safar, sob o pretexto de pôr à prova o sistema patenteado Bose de cancelamento de ruído.

A monotonia da vida no mar não se limita ao trabalho que as pessoas fazem. Ver o sol nascer e se pôr todos os dias no céu imutável sobre o imutável — e em constante transformação — mar é inerentemente meditativo, e era fácil cair em um transe cognitivo lá no convés de ré. (Na verdade, para muitos membros da tripulação, que labutavam abaixo do convés, parte dessa frase precisa ser reescrita da seguinte forma: "*Não* ver o sol nascer e se pôr todos os dias no céu invisível sobre o mar invisível...". O mar, para muitos — provavelmente a maioria — dos marinheiros que trabalham dentro do navio, era notável pela absoluta ausência da vida deles, exceto por ser a coisa que os obrigava a permanecer dentro dos limites do navio.) Em meu caso, esse transe no convés de ré tomou a forma de uma espécie de enjoo mental, por meio do qual a clareza e a firmeza do inquestionável propósito do porta-aviões davam origem a sentimentos — e questões — de falta de propósito. A presença desses aviões lançados de porta-aviões no céu do Iraque realizava alguma coisa nesse momento da história (em especial se considerados os custos reais e de oportunidade de fazê-lo)? Não era, de certa forma, uma provocação muitíssimo cara e barulhenta? As missões dos aviões não aconteciam principalmente porque o navio estava naquele lugar e porque é isso que os aviões fazem? Por sua vez, isso levantava outras dúvidas sobre a guarda constante contra riscos e ameaças. O porta-aviões não estaria em risco se não estivesse ali.

Então, lá estava eu: um turista com um caderno de notas, um antropólogo marinho cujos dados estavam tão completa e distorcidamente misturados com os meios de obtê-los que é provável que não tivessem valor como dados, apenas como memórias ou um conjunto de instantâneos de férias sem câmera. *Aqui está um de Newell e eu no convés de voo. Ah, aqui está uma de mim no convés de ré com um sujeito cujo nome não consigo lembrar...*

Mas não esqueçamos — antes que eu me esqueça —, eu não estava sem posto, objetivo e base. G. Dyer (FRSL, Fellow of the Royal Society of Literature) era escritor em residência e, por residir ali (no convés de ré, sempre que possível) e rabiscar em seus cadernos escolares, ele estava *cumprindo seu dever*, servindo seu país (ou, pelo menos, cumprindo os termos de seu contrato).

E não era um mar de rosas lá fora, no convés de ré, sob o sol escaldante. Navios iranianos chegavam perto — o que quer que "perto" signifique em termos navais — como teste e provocação. Nesse caso, parecia que o sujo falava do mal lavado. Estávamos em águas internacionais, mas em alguns pontos (eu ouvira falar) estávamos a apenas 45 quilômetros da costa do Irã. Éramos um tremendo navio de guerra, capaz de fazer chover morte e destruição na cabeça das pessoas 24 horas por dia; passávamos nosso tempo nos pavoneando ao redor do golfo Pérsico como se fôssemos donos do lugar; e nossos aviões (para dizer o mínimo) faziam uma algazarra infernal. Não havia coisa que eu adoraria mais do que ver Ahmadinejad entrar em um ringue de boxe especialmente montado no convés de voo e ter sua bunda barbuda chutada por alguém da tripulação (uma mulher seria perfeito); mas, no esquema maior das coisas, parecia que a nossa presença podia ser interpretada como provocadora ou, no mínimo, intrusiva. Como nos sentiríamos se os iranianos tivessem um porta-aviões a 45 quilômetros da costa do Maine ou da Cornualha? Toleraríamos esse tipo de artimanha, mesmo por um milissegundo?

33.

Acostumei-me a tomar banho nos banheiros ruidosos e fedorentos, de chinelo para não pegar verruga, mas era uma experiência desprovida de prazer. Nunca me demorava, sempre tentava sair antes que alguém entrasse. Quando se tratava de cagar, sempre escolhia um cubículo de canto, imaginando que ter alguém somente de um lado oferecia um aumento de privacidade de 50%. Quando estava sentado lá, era horrível ver um par de botas pretas pesadas debaixo da porta do cubículo em frente ou do painel que me separava do compartimento ao lado, sabendo que outra pessoa estava envolvida em uma descarga adiante ou paralela. O contraste que percebi com tanta consciência na academia, entre minhas pernas magras e as dos malhas que grunhiam, também se fazia sentir ali, na assim chamada "cabeça". Vivendo à base de uma dieta de subsistência, eu alternava entre diarreia gerenciável e pequenos cocôs filamentosos. Enquanto isso, os marinheiros que devoravam todos os dias seus hambúrgueres e cachorros-quentes estavam ali solidamente sentados, com os pés plantados no chão, fazendo força como levantadores de peso e depositando excrementos que pareciam bíceps inchados e punham à prova o sistema de aspiração. O éthos de academia permeava o navio: a comida proporcionava às capacidades digestivas do corpo uma malhação diária; às vezes, diante da enorme quantidade de banha e gordura que tinha pela frente, o sistema digestivo devia se sentir tentado a tirar uma folga, mas então o treinamento militar fazia efeito e o corpo tinha de engolir a ordem, tinha de começar a digerir aquela coisa, traduzi-la em energia e força, que era assim posta para trabalhar nas academias e aulas de ginástica, até que, por fim, o resíduo inútil — do qual havia uma grande quantidade — era prensado e transferido para o sistema de aspiração que, por sua vez, estava à mercê de uma constante e potencialmente ruinosa malhação que, com frequência, o deixava prostrado e constipado, num estado de colapso total.

Perdi a conta da quantidade de vezes em que os meus vasos sanitários lá estiveram fora de ação. Foi o suficiente para me aproximar deles com uma sensação de ansiedade crescente que se transformava em pavor (o que vou fazer agora?) quando dava de cara com um aviso na porta trancada, ou alívio (está funcionando!), quando a porta se abria e a promessa de um banheiro em funcionamento total se tornava, com o fedor, clara.

O estado dos banheiros era a maior fonte de queixas enquanto estive no navio e continuou a ser uma questão polêmica depois que voltei para a privacidade requintada do meu banheiro de proprietário-ocupante em casa. A mãe de um dos marinheiros criou um blog sobre o estado dos banheiros e como eles estavam afetando de maneira negativa o bem-estar físico e mental da tripulação (diante da falta de oportunidades de toalete, estavam bebendo menos e, portanto, ficando desidratados). O blog foi parar em vários meios de comunicação, o que levou o capitão a enviar uma resposta de 1500 palavras pelo Facebook para familiares e amigos da tripulação. É um documento extraordinário, notável pela precisão estatística, o vigor com que a velocidade de conserto é apresentada e defendida e a meticulosidade com que as causas de obstrução são discriminadas:

> Entre os itens inadequados que foram jogados no vaso e causaram entupimentos durante a mobilização estão produtos de higiene feminina e seus aplicadores, esfregões, camisetas, cuecas, toalhas, meias, ovos cozidos e utensílios de cozinha.
> Houve ZERO (0) obstruções causadas por papel higiênico e dejetos humanos.

Quanto à alegação de "aumento de problemas de saúde, como desidratação e infecções do trato urinário", o capitão a refuta e, ao mesmo tempo, oferece uma explicação alternativa para o surgimento das infecções: "Houve um total de sessenta casos de infecção do trato urinário durante a mobilização com dois grandes picos que ocorreram imediatamente após visitas a portos".

34.

Fui visitar Fish the Bish de novo, por sugestão dele. Quando me sentei, notei uma citação de John Wesley colada na parede, acima de sua mesa: um credo impecável, em harmonia com as exortações à excelência vistas em outros lugares do navio:

Faça todo o bem que puder
Por todos os meios que puder
De todas as maneiras que puder
Em todos os lugares que puder
Todas as vezes que puder
Para todas as pessoas que puder
Enquanto puder.

Embora estivéssemos falando de perto — um metro, no máximo —, os olhos dele estavam sempre fixos na meia distância e, como convém a um homem de fé, seu olhar se voltava com frequência para cima. Isso era tanto mais surpreendente pelo fato de que não havia meia distância: estávamos em seu pequeno escritório de teto baixo, de modo que a profundidade máxima de foco exigida era talvez de dois metros. Mas isso é o que a fé faz: ela permite que você veja o quadro maior e expanda seus horizontes (embora, quando não há horizontes à vista, isso possa ser considerado uma ilusão). Ela também sugere que a outra pessoa — no caso, eu — não é um indivíduo, mas uma congregação, que a cadeira em que Fish estava sentado era uma espécie de púlpito. Não quero ser impiedoso. Se eu o procurasse com um problema específico, se precisasse de ajuda ou cuidado pastoral, talvez ele tivesse me olhado nos olhos e posto um braço teologicamente reconfortante em volta do meu ombro. Mas, naquele contexto, ele não estava ali para consolar ou conversar, mas para pregar. Fiquei consciente disso em especial quando ele explicou que os capelães da Marinha britânica assumem o posto da pessoa com quem estão. Isso parecia mais americano do que britânico e, contudo, tive a sensação, ao longo de nossa audiência, de ser tratado como inferior.

Quando lhe perguntei sobre as pessoas que vinham vê-lo, ele me falou sobre as que não vinham. Era difícil convencer os oficiais a vir por causa de sua "mentalidade de defeito zero". Os chefes — marinheiros que começaram como alistados e haviam aberto caminho até E-7 ou E-9 — também relutavam em vir, pois se baseavam em "um estilo mais antigo, mais duro de gestão de homens". Restavam, suponho, quase todos os outros. E, muitas vezes, eles não tinham problemas específicos e, muito menos, religiosos.

"Há alguma coisa no fato de estar no mar, em especial numa longa vigília, que nos estimula a pensar em grandes questões", disse ele. Não era a primeira vez que alguém com quem eu falava dizia uma coisa que eu mesmo tinha intuído. Era bom ter minha crença do convés de ré confirmada por… bem, por uma autoridade superior, imagino.

A parte fundamental da operação de Bish talvez fosse que

aquilo que lhe era dito tinha o estatuto de confissão, liberando as pessoas para falar em confiança num ambiente em que era difícil manter qualquer coisa em segredo. Se, no final de suas sessões, as pessoas que falavam com o Bish decidissem que precisavam ver o psiquiatra do navio, ele as acompanhava. "Mas não conduzo e não sigo — ando ao lado." (Como ele conseguia isso nos corredores estreitos e lotados do navio não era algo que eu achasse que pudesse questionar: gostei da ideia e deixei passar.)

À medida que nossa conversa prosseguia, eu gostava cada vez mais do Bish — e, ao que parece, isso não era incomum. De acordo com ele, muitas das pessoas que o procuravam acabavam por dizer: "'Cara, não sei o que é, mas é bom ter você por perto.' Mas se pedem por um clima melhor, tenho de dizer que estou em vendas, não em produção".

"Então, você vai me acompanhar ao psiquiatra?", perguntei a ele quando me levantei para sair. Eu não estava desesperado nem querendo fazer gracinha: de fato, eu tinha uma hora marcada, mas não sabia como chegar lá. O fato de que se tratasse de um navio feliz não significava que todos a bordo estavam felizes; eu queria ver um outro cordão da rede de segurança pastoral/ disciplinar que mantinha o navio funcionando sem problemas.

O psiquiatra era uma das pessoas com mais aparência de civil no navio, um rapaz jovem com um corte de cabelo que era curto de um jeito mais elegante que militar. Chamava-se Brandon Hack — um tenente mais conhecido como "o Psi". Ao contrário do Bish, que logo entregava o jogo, o Psi o escondia tanto que se tornava indecifrável. Mais habituado a fazer perguntas do que a respondê-las, tinha uma maneira de falar que preenchia as condições mínimas de uma resposta sem qualquer minúcia ou excesso. Uma vez que fazia isso sem recorrer à linguagem técnica da psiquiatria, o efeito era o de minimizar quaisquer perturbações ou problemas que as pessoas tivessem. Tanto quanto eu soubesse, isso fazia parte do tratamento que ele oferecia, uma forma preventiva de normalizar o anormal. Não estive com ele por muito tempo.

Uma vez que, para muitas pessoas, entrar para a Marinha era "uma alternativa para cursar uma faculdade", o principal problema, segundo ele, era apenas o de "se ajustar a viver longe de casa pela primeira vez, em especial em um lugar onde não existe a opção de sentar-se do lado de fora para ouvir pássaros" — com certeza, com o barulho dos pássaros sendo lançados e recuperados. As pessoas "ainda tinham mentalidade de ensino médio — se uniam de determinadas maneiras segmentárias". Com os problemas desenfatizados dessa forma, a solução era proporcionalmente reduzida de uma cura para a descoberta de um caminho, "estressante como é este ambiente, para algo com que eles possam se sentir confortáveis".

Em harmonia com isso, saí de minha breve sessão com o Psi acreditando que não tivera nenhuma necessidade de vê-lo. Ou assim teria sido não fosse por um aspecto da mobilização atual que, disse ele, causou "desafios particulares". Tratava-se da prática da mobilização individual temporária, pela qual foram enviados ao Afeganistão em unidades da Marinha ou do Exército indivíduos que não faziam parte dessas unidades e lá encontraram e viveram coisas sem a preparação e o apoio de grupo que é uma parte crucial da vida de fuzileiros navais e soldados de infantaria. Lançados de paraquedas, por assim dizer, e recolhidos de helicóptero depois, tinham de processar individualmente o que havia acontecido, na companhia de um conjunto de todo diferente de pessoas das quais haviam sido afastados.

Por acaso, eu havia lido recentemente *What It Is Like to Go to War*, em que Karl Marlantes escreve sobre algo semelhante que acontece *dentro* do Exército e dos Fuzileiros Navais. Na Segunda

Guerra Mundial, as pessoas voltaram para casa devagar, gradualmente, de navio, como parte de uma unidade. No Vietnã, e também no Iraque e no Afeganistão, o retorno rápido e a dispersão do grupo foram acelerados e aumentados, algo que pode muito bem ter desempenhado um papel no aumento drástico do TEPT. Para neutralizar isso, Marlantes acredita que há necessidade de uma reversão também ritualizada do processo pelo qual os jovens foram transformados em máquinas de combate, a fim de reassimilá-los à vida civil. Mencionei isso ao Psi. Na verdade, ouvindo de novo a fita, percebi que passei mais tempo lhe falando sobre o diagnóstico e a cura proposta por Marlantes do que ele a respeito do problema da mobilização individual. No final do meu exaustivo resumo, pode-se ouvir o Psi, quase inaudível acima do ruído de fundo habitual, balançando a cabeça sobre as mãos unidas num V invertido, dizendo: "Ã-hã".

Naquela noite não consegui dormir. Fiquei pensando no susto do homem ao mar, num marinheiro solitário, à deriva em direção à morte no breu do oceano.

Eu tinha um iPod repleto de música, mas acabava, sempre que tinha tempo, ouvindo a mesma coisa: Sviatoslav Richter tocando *Forty-Eight Preludes and Fugues* de Bach. Não é difícil descobrir por que eu havia reduzido minha escolha de música a essa única coisa que, como o mar, está sempre se transformando em outra. Desde as primeiras notas do prelúdio inicial, não estamos apenas ouvindo música: entramos num reino diferente, um reino de absoluta perfeição — de uma perfeição em constante alteração — em que nada te engole ou tem de ser engolido. (O mesmo, é óbvio, não pode ser dito de Beethoven, que era engolido, sem descanso, pela enormidade do mundo e do eu.) Nessa noite, porém, eu não conseguia dormir nem me perder na música que deveria ser um substituto para o sono. Fiquei pensando em um náufrago perdido na vastidão do mar até que essa imagem se transformou em um cenário idêntico e oposto. Um navio afunda com todos os tripulantes, exceto um. O indivíduo solitário flutuando no mar é o único sobrevivente, como na passagem do Livro de Jó citada por Melville no epílogo de *Moby Dick*: "Só eu pude escapar para trazer-te a notícia".

35.

Na verdade, quem estava escapando era o fotógrafo, cuja mobilização chegava ao fim. Uma das últimas fotos que tirou antes de voltar para a praia foi uma que tinha em mente desde o começo, desde nossa primeira manhã no navio: o espelho infinito de corredores, à noite, iluminados pelo brilho vermelho das luzes de segurança, quando havia pouco tráfego de pedestres e uma exposição longa permitia que as passarelas refletissem sobre sua própria imensidão. Eu também ficara impressionado por essa coisa sala-de-espelhos, tinha rabiscado variantes daquela expressão — "efeito espelho infinito", "túnel de espelhos" — no meu caderno de exercícios. Era uma boa coisa para ser notada.

Então, depois que eu próprio voltei para a praia, li "The Truest Sport: Jousting with Sam and Charlie", o ensaio escrito por Tom Wolfe em 1975 sobre os pilotos que cumpriam missões a partir de um porta-aviões durante a Guerra do Vietnã. Wolfe também andara pelas passarelas e havia notado a maneira como "ao olhar sobre e através dessas escotilhas, uma após a outra, é como ver uma sala de espelhos".

Li esse texto com um *que merda* persistente na cabeça, uma sensação de autoconfiança se esvaindo. E as escotilhas eram apenas uma parte de minhas preocupações. Tinha acabado por me sentir menos em evidência no navio, não à maneira de Joan Didion, mas mais à vontade e confiante em meio às pessoas com quem eu topava todos os dias. Fazia mais piadas, expressava minha personalidade um pouco mais. A desvantagem foi que tinha acabado por me sentir cada vez menos confiante a respeito do trabalho que deveria estar fazendo. Durante o último ano, eu tinha apreciado mais os livros de reportagem saídos do Afeganistão e do Iraque, de David Finkel, Dexter Filkins, Evan Wright e outros, do que quase todos os romances que lera no mesmo período. Haja habilidade para observar e registrar coisas, muitas vezes no meio do perigo. E eu tinha dificuldades para registrar até as coisas mais simples, como o nome e o posto de uma pessoa. Quanto mais tempo passava no porta-aviões, mais convencido ficava de que, de todos os tipos de escritor que eu não era, "repórter" estava no topo da lista.

Como repórter, Wolfe também tinha a vantagem de que seus pilotos estavam participando de missões de combate reais e acabavam sendo derrubados e ejetados no mar, mas não havia como fugir da verdade simples, não circunstancial: "The Truest Sport" era um texto brilhante, impossível de superar, exceto na medida em que... Fiquei nervoso; a maneira como eu ficava circulando em torno da expressão "exceto na medida em que" era a prova disso. Quer dizer, que tipo de expressão era essa? Que tipo de escritor a usaria, mesmo uma única vez, com exceção de um cujos olhos estão cegos pelo brilho de outro escritor. "Olhos cegos pelo brilho..." Eu estava no círculo do feedback infinito, um salão de espelhos de dúvida sobre mim mesmo, intensificada pelo modo como Wolfe realmente superou seu ensaio impossível de superar com *Os eleitos*.

Decolar e pousar em um porta-aviões havia ficado mais seguro desde o tempo do ensaio de Wolfe — já ficara mais seguro quando Wolfe escrevia seu ensaio —, mas, no essencial, a experiência em um porta-aviões não mudara significativamente desde o Vietnã, ou desde a Segunda Guerra Mundial. Tudo se resume a aviões ruidosos que decolam e aterrissam numa plataforma plana no meio do oceano — Wolfe não compara com descer num selo postal, mas numa "arquejante frigideira gordurosa" — e a um grande número de pessoas vivendo juntas em condições precárias, comendo alimentos feitos numa frigideira gordurosa. As fotografias da vida a bordo de um porta-aviões na preparação para a batalha de Midway são notavelmente parecidas com as que se pode tirar hoje, como as que o fotógrafo andou tirando. Com pequenos ajustes em roupas e tecnologia, as imagens são quase idênticas.

Muito se fala da arrogância e confiança dos pilotos, em especial dos da Marinha, aqueles que pousam em porta-aviões do tamanho de selos postais ou frigideiras. Mas a confiança também é essencial para escrever. Não se pode escrever sem talento, mas também não se pode escrever sem confiança — e Wolfe tinha arrancado um pedaço da minha do tamanho de uma mordida de tubarão. Depois que sua confiança vai embora, outras coisas começam a ir também. Você cai em depressão. Começa a temer a página, as palavras, a futilidade de pôr estas últimas na primeira. Eu era como um piloto no processo de perdê-la: o veterano de milhares de pousos travados e lances catapultados — quer dizer, *lançamentos* — que simplesmente não consegue mais fazer isso. Que treme diante da mera ideia de ser arremessado para fora do convés e para o negror da noite. Com frequência prestes a visitar o Bish ou o Psi e lhes dizer que não consegue mais, que a mentalidade de defeito zero deu lugar a uma mentalidade de habilidade zero, à habilidade zero. Deitado insone à noite, sabendo que a coisa que ele é — um piloto, um piloto da Marinha — é, na verdade, a coisa que ele *era*, que é apenas uma questão de tempo para que os outros descubram isso. Então, quando ele se veste e fica pronto para ir, já está exausto e esgotado. Sobe para a cabine, conecta todos os tubos e correias, faz todas as checagens e fica chocado ao descobrir, mais uma vez, o que faz algum tempo que vem descobrindo: que este é o único lugar no mundo em que preferiria não estar. Ainda é capaz de processar todas as informações e dados que chegam do convés de voo e dos painéis de instrumentos, mas nada disso é suficiente para abafar as palavras que gritam em sua cabeça: abortar, abortar, e ejetar, ejetar, ejetar. Mas que se senta lá, se concentra e ergue os polegares e se segura enquanto, mais uma vez, é jogado ao mar. Que talvez se sinta bem enquanto está no ar e lá em cima, cumprindo a missão, no *cruise control*, apreciando a vista, mas sente o suor escorrendo por suas costelas quando chega a hora de assumir seu lugar na formação de recuperação, que está tão convencido de que desta vez vai bater no convés de ré que ele se aproxima com muita altura, erra todos os cabos e parafusos de travamento. O que significa que tem de dar a volta outra vez, dar a volta e repetir a coisa toda de novo, que se tornou mais difícil em consequência do fracasso anterior... Se ao menos, pensa, ele pudesse ser um dos sujeitos no convés que observam os aviões que chegam, não fazer ele próprio, apenas ver os outros fazendo; não escrever a coisa, apenas ler sobre ela.

36.

Durante vários dias, só se falou de uma coisa a bordo: a próxima Steel Beach Party. Na noite anterior a essa festa tão esperada, encontrei o corredor geralmente vazio que levava ao meu quarto lotado e barulhento com atividade, com pessoas — civis. Seu líder — feroz, careca, de sessenta e poucos anos, ainda parecendo fortão — se apresentou como Harvey. Ele era do Texas e tinha idealizado o programa Steaks for Troops, através do qual só-Deus-sabe-quantas toneladas de carne foram trazidas de avião e guardadas a bordo para serem servidas no convés de voo no dia seguinte pelo pessoal que perambulava pelo corredor. Isso é quem *eles* eram; mas, Harvey queria saber, quem era este *limey** e o que ele estava fazendo a bordo. (Sou tentado a escrever "babacão inglês", mas acho que isso foi dito um pouco mais tarde na nossa conversa e que, naquele momento, *limey* era substantivo, em vez de adjetivo.) Falei-lhe sobre o tempo que estava passando no na-

---

* Gíria da Marinha americana para se referir a marinheiros britânicos, depois usada para designar qualquer pessoa do Reino Unido.

vio, que estivera acompanhado por um fotógrafo que partira no dia anterior.

"Melhor não tentar tirar uma foto minha", disse Harvey, "ou te quebro os dentes." Eu me acostumara tanto com a extrema cortesia, consideração e gentileza de todos a bordo que fiquei um pouco surpreso com essa ameaça. Não que eu tenha levado para o lado pessoal ou inteiramente a sério; ao que parecia, bastava alguém dizer alguma coisa um pouco fora da linha e Harvey ameaçaria quebrar seus dentes. Vinte minutos depois de me dizer que quebraria os meus, ele me contou como havia dito a alguém que quebraria os dentes *dele*. Sua predileção por esse linguajar agressivo não impedia de forma alguma que você fosse objeto da considerável generosidade e hospitalidade dele: desde que tivesse boca, poderia comer os *steaks*, com ou sem dentes. Assim, quando ele disse que eu deveria me juntar a ele e sua turma no jantar, eu o acompanhei e me vi sentado ao seu lado — uma honra que as outras pessoas de sua equipe não pareciam invejar nem ver de má vontade.

Preenchi meu prato de modo a fazer com que parecesse cheio, embora não houvesse quase nada nele, apenas os bocadinhos habituais de massa e duas colheres de molho. Harvey fizera fortuna com hambúrgueres, e sua iniciativa Steaks for Troops era uma forma de retribuir com alguma coisa. Antes de vir ao porta-aviões, estivera em um cruzador, experiência que lhe causara grande impressão.

"Eu sou do Texas. Nós gostamos de *armas* no Texas. Aquele cruzador tem algumas armas *grandes*. Armas de verdade."

"Como assim, você quer dizer o contrário de armas de brinquedo?"

Gostei de tirar sarro de Harvey, embora o impacto fosse ligeiramente diminuído porque ele era surdo de um ouvido e, como é natural, era para esse ouvido que eu falava. Para gracinhas de alta qualidade, você precisa de ouvidos aguçados, tem de contar com um ouvinte atento, e Harvey estava um pouco prejudicado nesse aspecto. Ele nunca␣sorria. Havia apenas uma cintilação de estrela solitária em seus olhos duros quando ele chamou a mim e àqueles como eu de "vômito da mídia". Durante o jantar, contou uma história longa e complicada sobre um comandante da Força Aérea negro que comia a esposa de alguém. Harvey mandou um ex-agente do FBI segui-lo e esse agente lhe passou o arquivo resultante numa mesa de restaurante. O arquivo tinha uma foto que mostrava esse oficial negro levando a mulher com quem estava tendo um caso a uma clínica de aborto. Eu gostaria de ter seguido a história. Ela certamente parecia tocar em fundamentos — raça, sexo, traição, os direitos do feto —, mas mesmo depois de eu lhe pedir para esclarecer alguns detalhes, não consegui desembaraçar as voltas e reviravoltas éticas. Ocorreu-me que não tínhamos trocado nenhum gracejo; ou talvez só um de nós tivesse feito isso — o que significava que ninguém havia gracejado.

37.

Vi Harvey na manhã seguinte — a manhã da Steel Beach Party — numa das passarelas, não muito longe do nosso corredor. Eu me desviara de minha rota habitual e não consegui encontrar o refeitório dos oficiais. Ele me deu as indicações, mas assim como acontecera com a sua história durante o jantar, não consegui acompanhar o que ele dizia. Pedi para que simplificasse a explicação porque eu era burro.

"Eu entendo você. Nei", ele disse. "N-E-I: Não enrola, idiota." Ele me deu a versão simplificada de aonde ir e depois, antes de nos separarmos, acrescentou: "Não coma demais porque nós vamos engordar bem sua bunda magrela".

O guarda-marinha Newell e eu subimos ao convés por volta das dez e meia. O navio estava completamente imóvel, tão ocioso quanto um navio pintado em cima de um oceano num quadro. Então me perguntei se estaria ancorado. (Isso era possível? A corrente poderia ir tão longe, até o leito lodoso do golfo Pérsico?) Os aviões estavam todos estacionados na metade anterior do navio. Espalharam mesas e cadeiras de tal modo que o convés parecia muito maior do que quando havia voos, parecia a esplanada de um café à beira-mar. Haviam montado um sistema de som. Um DJ estava nos decks e no convés, tocando rock à sombra da ilha.

Já havia um monte de gente lá em cima, a metade sem uniforme, de shorts e camiseta, muitos já na fila dos *steaks*. Mas nem todo mundo estava de folga. Ao caminhar por entre o emaranhado de metal dos F-18 estacionados, vi que havia mecânicos trabalhando em alguns jatos, o que me fez pensar que, no decorrer do dia, eu talvez topasse com a mulher de olhos brilhantes do hangar. Além dos aviões, a extremidade anterior do convés estava deserta. O oceano era de um azul calmo, como se fosse solidário com o navio e houvesse declarado que hoje seria um dia sem ondas. Durante a noite o USS *George Bush* se tornara o melhor navio de cruzeiro do mundo, com a vista para o mar desimpedida das grades de proteção — apenas redes postas para pegá-lo se você passasse pela borda do navio.

No momento em que voltei para a área do churrasco, a fila de marinheiros à espera de *steaks* se estendia ao longo de toda a popa do barco e por trinta metros a estibordo. Paul e eu entramos na fila atrás de uma mulher com uma camiseta cor-de-rosa com a inscrição USS *George Bush* que, desde que não fosse inspecionada muito de perto, poderia ser aprovada para uma rave. Não importava que estivéssemos numa fila: mais parecia que todo mundo estava apenas conversando em formação linear. O pessoal que já havia passado pela fila estava sentado às mesas, rangando, ou simplesmente sentado no convés, rangando. Para onde quer que se olhasse, havia gente comendo ou esperando para comer os *steaks* de Harvey. Em nenhum outro lugar no golfo Pérsico havia tantas pessoas rangando aquela enorme quantidade de *steaks*.

Quando chegamos às grelhas, vi o próprio Harvey cutucando e revirando os *steaks*, sem quebrar os dentes de ninguém.

Paul e eu achamos espaço numa mesa com dois de seus amigos da Sala do Reator e um chefe da artilharia que eu ainda não conhecia. Ele estava na Marinha havia quinze anos e me deu espontaneamente a melhor e mais simples explicação de por que ele — e quase todo mundo — se alistou.

"Jovem alistado ou jovem oficial era a melhor opção que tínhamos na época", disse ele. "Para algumas pessoas, há a atração do patriotismo ou de uma carreira, mas é uma minoria. Para o resto é apenas a melhor opção no momento. Isso não mudou e não vai mudar."

Como todo mundo, ele engolia seu *steak* com gosto, enquanto eu só beliscava o meu, sem rangá-lo absolutamente. Era óbvio demais do que se tratava: um pedaço de carne sem disfarces; não havia nada de errado com ele, exceto isso — e o fato de que, é óbvio, não havia cerveja para fazê-lo descer. De certa forma, era extraordinário que pudesse haver uma festa como aquela sem um barril à vista, apenas tinas do tamanho de banheiras cheias de gelo e refrigerante, coca-cola e água. A falta de bebida significava que não havia nada ali de que um militante islâmico pudesse se queixar — exceto, suponho, mulheres se divertindo e usando shorts. Talvez a música também. O DJ tocou um country pesado, e um monte de marinheiros — negros e brancos, homens e mulheres, de macacão, uniforme ou shorts — começou uma *line dance*. Ah, foi simplesmente fantástico. Perguntei a um cara na mesa o que estava tocando.

"'Copperhead Road', de Steve Earle", disse ele espantado, como se estivesse falando com a única pessoa no navio que não sabia disso. Eu tinha ouvido falar de Steve Earle, mas nunca escutara sua música. E eu estou contente por isso, pois não poderia haver uma primeira vez melhor e um lugar melhor para ouvir essa canção barriguda, esse *hog-call*, do que ali com aquele pessoal todo alinhado e chutando alto como se o golfo fosse apenas um baita de um lago num pedaço militarizado do Texas rural.

Todo mundo empilhava seu lixo em caixas de papelão do tamanho de chiqueirinhos de crianças. Junto à caixa para metais, uma jovem recolhia as linguetas das latas em um recipiente, porque eram feitas de um metal diferente e mais valioso do que o resto da lata. Era de novo como o Burning Man, com as pessoas tentando pegar qualquer pedaço de lixo que estivesse circulando por ali.

Ao ver uma breve pausa na fila para os *steaks*, quebrei dois dentes do meu garfo, parti minha faca em duas e fui até Harvey com o meu prato de papel.

"Me desculpe, Harvey, por acaso você tem algum talher de metal?"

"Por que, *limey*?"

"Porque meu *steak* estava tão duro que quebrou meu garfo. E a faca também", eu disse, mostrando as provas. "Então acho que se eu quiser fazer qualquer incursão nesta carne, vou precisar de algum reforço de metal pesado."

Antes que ele tivesse a chance de quebrar meus dentes, eu acrescentei: "Estou só brincando com você, Harv", e abri um grande sorriso. Sem saber ao certo se ele estava aberto a piadas, me afastei rapidamente e joguei minhas sobras, prato e talheres nas caixas de papelão apropriadas.

Uma bola de futebol (americano) apareceu e começaram a trocar passes por ali. O sistema de som tocava hip-hop. Racialmente, eu esperaria que o dia fosse mais... digamos, não segregado, é claro, e não como gangues numa prisão, mas mais exclusivista do que era. De onde eu estava — ao lado de um dos membros mais velhos da tripulação, atarracado, quarenta e tantos anos, de camiseta cinza, shorts e boné de beisebol, comendo — aquilo parecia um modelo de integração racial. Ah, e aquele cara velhote que estava de pé ao meu lado, me dei conta, não era outro senão o capitão Luther! Ele tinha um monte de coisas no prato — salada de repolho, *steak* e pão —, mas aproveitei a oportunidade para perguntar sobre a festa.

"Se você os ajuda a criar boas lembranças, eles vão esquecer um monte de coisas ruins."

"Bem, você está criando uma ótima lembrança para mim hoje", eu disse. Estava sendo sincero. O capitão me falou de outro magnífico dia — um dia ainda mais magnífico do que os rotineiramente magníficos dias no mar — no início da mobilização, na forma de um Toque de Nadar, quando todos puderam saltar da lateral do navio — ou de um dos elevadores — e mergulhar no oceano.

"*Tombstoning!*", exclamei.* "Eu teria adorado isso!" Obviamente eu andava mais do que um pouco envergonhado de ser o cara mais magro e o segundo mais velho no navio, mas sempre adorei saltar em águas profundas de alturas seguras — conta como *tombstoning* se você *sabe* que a água é profunda? — e estou supondo que eles devem ter se certificado de que não havia nenhum tubarão nas vizinhanças antes do Toque de Nadar.

"Mas me diga", perguntei ao capitão, "onde você se situa no espectro dos comandantes navais? Quer dizer, você é progressista, inovador, liberal ou mais ou menos típico?" Ele não hesitou.

"Eu sou inovador à moda antiga. Missão em primeiro lugar, as pessoas sempre. Estamos em um navio de guerra, então certas coisas têm de ser do jeito que são. Mas todos os marinheiros neste navio são voluntários. Eles desistiram de alguma coisa para estar aqui. Portanto, temos de dar-lhes algo em troca. Boa parte é

---

* *Tombstoning*: saltar de um rochedo ou pedra numa extensão de água. *Tombstone* significa "lápide".

apenas liderança-padrão. Comer depois que eles comem, dormir depois que eles dormem. Nunca lhes dê uma ordem se você não entender o que significa o que eles terão de fazer."

Não surpreende que ele não tivesse muito tempo ou disposição para livros sobre gestão — "Vivemos a liderança todos os dias" —, mas mencionou uma história tirada de um livro chamado *Os 7 hábitos das pessoas altamente eficazes*. "Dois homens cortam árvores na floresta. Um trabalha o tempo todo. O outro faz uma pausa a cada hora, mas ao final de cada dia, sempre cortou mais madeira. O outro sujeito pergunta como ele faz isso. Porque toda vez que faço uma pausa, ele diz, afio meu machado."

Uma bola de futebol voava na direção de um grupo que a esperava perto de nós. "Melhor ter certeza de que a bola não vai cair em mim", o capitão disse a um dos jogadores. Eu estava curioso para ver o que aconteceria se ela aterrissasse na salada de repolho dele — mas isso nunca aconteceu e nunca aconteceria. Ninguém ia deixar que acontecesse. Eles estavam trocando passes por ali, porém um machado estava sendo afiado. Agradeci ao capitão por seu tempo e me afastei. Era o mínimo que eu podia fazer, uma pequena cortesia: poupá-lo do trabalho de ter de começar uma frase com as palavras "bem, eu deveria estar...".

Depois de me afastar, voltei porque "Sweet Home Alabama" tocava no sistema de som. Essa música estava destinada a ser um dos grandes sucessos da tarde, mas foi mixada, a meio caminho, com outra faixa, então voltei para o lugar de onde eu havia saído. Topei com Paul e juntos vimos a almirante Tyson, também de shorts e camiseta, na passarela conversando com uma dupla que tocava violão e banjo. Aproveitando-me do fato de que ela estava apenas de bobeira, perguntei sobre os dias anteriores à Marinha, quando estudava língua e literatura. Por alguma razão — provavelmente por culpa minha — a conversa se encaminhou para os escritores de que não gostávamos.

"Bem, eu não quero puxar o tapete de ninguém", disse ela, "mas nunca fui muito com James Joyce." Como em nosso encontro anterior, a almirante conseguia — aquele maravilhoso sotaque sulista dela desempenhava um papel nisso — transmitir um calor e uma intimidade especiais ao que dizia, de tal modo que um julgamento literário negativo parecia mais uma reminiscência sobre o velho Jim Joyce, um vizinho um pouco excêntrico, cujo gosto por trocadilhos, jogos de palavras e mania de contar seus sonhos para todos havia causado uma sobrecarga facilmente tolerável na paciência de todo mundo.

Depois que a almirante se afastou, os tocadores de guitarra e banjo fizeram um dueto doce e rápido, mas que deixou um rio de lágrimas atrás dele. Paul e eu falamos sobre uma banda de *bluegrass* de que todos gostávamos, a Steep Canyon Rangers da Carolina do Norte. Depois nos afastamos também.

Parecia realmente um festival, ficar por ali passeando e encontrando pessoas fazendo o que queriam, algumas, membros de alta patente da Marinha dos Estados Unidos, outras apenas papeando ou ouvindo música, e um único completamente na dele, debaixo do sol, cochilando em uma cadeira de praia bem na proa do navio. Parecia uma figura solitária de uma pintura de Edward Hopper. Eu não tinha ideia do que ele fazia a bordo, mas é possível que tivesse um trabalho que raramente lhe permitia ver o mar e o céu. E qualquer que fosse o trabalho, era certo que nunca tinha silêncio — ou espaço — como aquele para si mesmo.

No caminho de volta para a ilha, Paul me apresentou a um negro alto e forte que estava de uniforme completo — uma incongruência naquele dia de folga. Ele tinha um monte de fitas de medalhas no peito, inclusive — Paul me explicou — a Medalha da Marinha e do Corpo de Fuzileiros Navais, concedida por salvar uma vida.

"O que você fez para ganhar isso?", perguntei.

"Estávamos indo para casa de carro, minha esposa, eu e as crianças", disse ele, em posição de descansar. "Na verdade, era véspera do Dia de Ação de Graças. Havia uma mulher em um carro ao lado, inconsciente ao volante. Estava em coma diabético. Então fiz o que acho que você chamaria de um movimento de cowboy, um lance de dublê. Fiz a lateral do carro dela ralar na mureta, porque ela estava inconsciente e era a única maneira de parar o carro. Parei o carro, administrei os primeiros socorros, minha esposa chamou uma ambulância e o resto é história."

"Meu Deus!", exclamei — uma expressão que quase nunca uso.

"Nada mal, né? Mas acredito que qualquer um dos indivíduos que estão neste convés faria a mesma coisa. Na posição em que eu estava, aproveitei a oportunidade para dizer: 'O.k., se fosse minha mãe, minha filha ou eu, ia querer alguém que fizesse a mesma coisa'."

"E você ganhou a medalha."

"Sim, ganhei a medalha, mas a maior honra que recebi foi o filho dizer obrigado, porque essa é a única mãe que tenho. Isso foi maior do que qualquer medalha."

Minha mãe havia morrido quatro meses antes. Isso e a certeza de que estava falando com alguém a quem podia confiar minha vida fizeram minha voz ficar embargada quando eu disse: "Você poderia me dizer seu nome de novo?".

"Sou Clinton Stonewall III, de Birmingham, Alabama." Seria possível comprimir mais história num nome e numa resposta de uma linha?

"Então, onde você estava quando tocaram 'Sweet Home Alabama' agora há pouco?", perguntei aliviado por ter algo irreverente para dizer.

"Tocaram?"

"Bem, mais ou menos. Tocaram só a metade."

"Isso me deixaria chateado porque eu gostaria de ouvi-la inteira."

Havíamos nos aproximado da borda do navio. Stonewall apontou para o oceano.

"Todas as manhãs, quando me levanto, olho para a água antes de começar as operações de voo. Mas isso é a coisa mais incrível, porque a água tem um ciclo, certo? Quando fica quente, evapora, sobe para o céu, se transforma em uma nuvem, torna-se precipitação e desce de volta. Você sabe que é a mesma água em que Noé navegou? Em que Cristóvão Colombo navegou. E adivinhe? Hoje, eu estou navegando aqui. Faço parte desse ciclo. E você sabe que tem um monte de tecnologia aqui. Cara, este é o navio mais poderoso da face da Terra. Mas aquela coisa ali, aquilo é energia, é lindo, é graça. E me inspiro cada vez que a vejo."

"E você sabe onde essas nuvens acabam?", perguntei. (Eu quis dizer nuvens metafóricas: não havia uma nuvem no céu.)

"Onde?"

"Na Inglaterra."

"Ha ha ha. Certo. Pode crer."

Stonewall estava todo elegante, descobri então, não para se pavonear por aí mostrando sua coleção de medalhas do cacete. Não, mais tarde ia receber uma promoção e esperava que eu fosse assistir à cerimônia. Eu disse que certamente iria, mas onde seria? Aproveitando o dia sem voos, seria no próprio convés, depois da festa, que já estava terminando. Muita gente já descera. Mesas, cadeiras e os restos de lixo estavam sendo retirados. Logo, as grandes caixas de lixo seriam levadas, o convés seria lavado e tudo voltaria ao normal.

A praia de aço voltara a ser um convés de voo — no modo sem voo — quando voltei para a cerimônia de Stonewall. Era fim de tarde, ainda claro. Stonewall estava de pé diante da ilha, sendo promovido de capitão-tenente a capitão de corveta. Umas vinte e poucas pessoas estavam lá para testemunhar a cerimônia. Uma delas era o capitão, sem shorts agora, de volta ao seu uniforme de voo. As velhas insígnias de Stonewall foram retiradas por duas pessoas e a nova insígnia presa por outras duas. Outro oficial veio e leu o juramento que Stonewall III repetiu linha por linha. Eles se olharam. Depois disso, Stonewall pediu a um amigo que fizesse uma oração. Quando a oração terminou, as pessoas pediram a ele para dizer algumas palavras. O céu estava em chamas com a luz do feriado. Soprava uma brisa forte. Ele estava ali imenso, elegante e orgulhoso.

"Quero agradecer a todos por terem vindo, por achar tempo no seu dia ocupado de hoje. Mas este dia não é meu, é de vocês. Olhem o que vocês fizeram. *Olhem o que vocês fizeram.* Vocês puseram uma condecoração de folhas de carvalho em mim. E eu digo a vocês agora, quero agradecer a cada um de vocês, especialmente aqueles que me mantiveram honrado e preparado para a ação. Muitíssimo obrigado. Sabem, eu estava lendo outro dia: em 9 de outubro de 1901, um jovem nasceu para o mundo, seu nome era Arleigh Burke, o almirante Arleigh Burke. Ele entrou para a Marinha sem diploma do ensino médio. Ele teve de largar a escola e sustentar a família por causa da epidemia de gripe. Mas mesmo assim não abandonou seu desejo de entrar para a Marinha, conseguiu uma nomeação do Congresso para isso — e o resto é história. Eu olho para essas coisas. E se ele tivesse dito que as coisas são como são? Muitas pessoas usam essas palavras como um sinal de desistência. E se ele tivesse dito isso? Esqueçam. Eu simplesmente vou desistir e cuidar da minha família. Se ele tivesse dito que as coisas são como são, então muitas coisas que fazemos hoje nunca poderiam ter acontecido. E se os irmãos Wright tivessem dito que as coisas são como são? Não teríamos porta-

-aviões, não teríamos aviões para lançar destas coisas. Eu acordo e vou dormir com essa convicção todas as noites, para não deixar as coisas serem como são. Eu quero mudar, eu quero *ser* essa mudança. E agradeço a todos e a cada um de vocês.

"Vocês sabem, isso aqui não é um videoclipe adulto, é camaradagem, é o orgulho que incutimos uns nos outros e esse orgulho é poderoso. Faço isso há 21 anos e vou lhes dizer, agradeço a todos e a cada um de vocês. Eu amo aquela camiseta ali, por falar nisso", disse ele, ao ver a mensagem escrita na camiseta amarela de um dos presentes: "Nenhuma arma forjada contra nós prosperará". "*Nenhuma* arma forjada contra nós prosperará." O sujeito da camiseta se virou então para que Stonewall pudesse ler em voz alta o que estava escrito nas costas: "'Acredite nisso.' Sim, acreditem *nisso*! Porque não é negócio, senhoras e senhores, é pessoal. Vocês sabem disso. Eu não me fiz ao mar com 5 mil sócios. Eu me fiz ao mar com uma família. E tudo o que fazemos, seja aqui no convés de voo, no segundo convés ou no sétimo convés, eu lhes digo, é tudo para mim. Vocês têm meu apoio. E eu tenho o de vocês. Digo agora, Arleigh Burke também é conhecido por ter dito: 'Lealdade para cima e lealdade para baixo'. Se vocês esperam lealdade de seus subordinados, então é melhor mostrar lealdade em troca. O que significa que se vocês são líderes aqui, também precisam ser servos. A base é um reflexo do topo. Se vocês não parecem bem, eu não pareço bem. Acho que Vidal Sassoon tinha razão quando disse isso". Aqui, Stonewall teve que fazer uma pausa para deixar passar uma onda de riso. "E se pareço bem aqui hoje é por causa de vocês. É por causa de vocês.

"Eu olho para a estátua do grande George no convés do hangar. Esse cara está preparado e com seu macacão de voo. Não sei se ele está correndo *para* a batalha ou *da* batalha, mas vocês sabem o quê? Ele tem um sorriso no rosto. Então, sejam como o bom e grande George. Tenham um sorriso no rosto. Não me importo com o que acontece no dia de vocês. Continuem correndo e o façam com um sorriso no rosto. Muitíssimo obrigado."

Houve aplausos ruidosos, mas Stonewall ainda não havia terminado. "Como vocês se sentem?", ele retumbou.

"Bem!", todo mundo gritou de volta.

"COMO VOCÊS SE SENTEM?"

"BEM!"

"*COMO VOCÊS SE SENTEM?*"

"*BEM!*"

Um eufemismo, para dizer o mínimo. Eu me sentia tão bem — tão *BEM!* — que só queria ficar ali e soluçar. Era com certeza o discurso mais impressionante que eu já tinha escutado; ter citado Sassoon (Vidal, não Siegfried) foi um toque de gênio. Eu também gostei do trecho sedicioso de análise escultural que reconhecia que o grande George poderia estar fugindo.[1] E para terminar, todo o trecho de oratória estilo Henrique-v-em-Agincourt com a ordem de manter um sorriso no rosto: uma refutação definitiva à objeção europeia de que todo o lance do "tenha um bom dia" é apenas superficial.

As pessoas fizeram fila para apertar a mão, abraçar Stonewall e bater-lhe nas costas. Eu apertei sua mão também, mas não con-

---

1. Havia outra estátua do grande George no pequeno museu do navio, junto com um vídeo sobre o tempo em que foi piloto da Marinha durante a Segunda Guerra Mundial. Em certa ocasião, seu avião foi atingido num bombardeio e imediatamente "envolvido pelas chamas". Ele continuou em direção ao alvo, largou suas bombas ali e seguiu voando. A essa altura, explicava o comentário, as chamas tinham proporções realmente sérias (sugerindo, com o risco de ser levemente pedante, que o avião não fora de todo envolto pelas chamas antes). George instruiu seus dois tripulantes a saltar de paraquedas, mas conseguiu amerissar e foi resgatado por um submarino. Os dois membros da tripulação morreram.

segui encará-lo porque meus olhos estavam cheios de lágrimas. Lembrei-me do que ele havia dito antes, durante a Steel Beach Party, sobre haver apenas uma mãe. O que a mãe dele teria pensado se tivesse ouvido e visto seu filho agora? Ou sua filha? Impossível imaginar mais amor e mais orgulho do que teriam sentido hoje. Quantos momentos como este existem na vida de um homem?

    Voltei para o meu quarto de oficial. Que dia! O tempo. O oceano. A vista. Os aviões. A Steel Beach Party. A música de Steve Earle. A *line dance*. O capitão de shorts, a almirante de shorts. A promoção e o discurso de Stonewall. Foi um dos grandes dias da minha vida, e eu mal podia acreditar na sorte e no privilégio de fazer parte dele, mesmo que somente como um observador, um outsider.

38.

Uma vez, um taxista desagradável de Albany, no norte do estado de Nova York, me disse que o meu dia ruim acabara de ficar pior. Agora, por incrível que parecesse, meu excelente dia estava prestes a ficar melhor.

No café da manhã, eu havia comido algumas bananas e uma tigela de cereais; mais tarde, mordisquei um dos pedaços de carne de Harvey. Apesar do que havia dito, ele não tinha engordado minha bunda magrela (embora se possa argumentar que a culpa foi minha). No jantar, comi alguns legumes enlatados, macarrão frio com molho de tomate e duas ameixas. Depois disso, como fonte adicional de tormento, eu ia entrevistar o capitão Cook... Desculpem-me, quer dizer, a cozinheira do capitão, cs2 Leesa Zilempe (especialista em culinária — segunda classe). Ela estava numa pequena e simpática cozinha e era fácil esquecer, aqui no navio, que ela fazia parte da Marinha. Era mais como se fosse uma chef em um iate cujo dono gostasse de uma decoração tão austera que parecia militarista. Leesa tinha experiência anterior com jornalistas e ficara descontente com um artigo que afirmava que ela estava fazendo halibute assado quando era, de fato, frito. Eu precisava estar realmente afiado.

"Acho que tenho de dizer desde já que os fatos não são meu ponto forte", eu disse. "Para ser perfeitamente honesto, pontos fortes não são meu ponto forte. Mas vou fazer o meu melhor."

A ambição de Leesa era cozinhar na Casa Branca. Jamais seria uma ambição fácil de realizar, mas sua determinação em relação a isso era outra rejeição enfática à postura de vida as-coisas-são-como-são. Um dos motivos de eu ser tão ruim com os fatos é que um assunto sempre me lembra de outro. Neste caso, assim que o que ela disse me lembrou do que Stonewall dissera, eu me vi pensando em minha mãe e meu pai, que, tanto quanto eu conseguia lembrar, haviam incutido em mim a importância de *aceitar as coisas*. O importante não era a capacidade de mudá-las, era a capacidade de suportá-las, de engoli-las. Produto direto da opressão que sofriam e da falta de oportunidade, esse estoicismo lhes foi muito útil, em particular para meu pai, especialmente no final da vida, quando ficou sobrecarregado por todos os tipos de dificuldades imutáveis e, se poderia pensar, insuportáveis. Tanto é assim que, à sua maneira ocidental, ele se tornou uma espécie de personificação de certo ideal oriental de não resistência às vicissitudes da vida. Eu, por outro lado, com a expansão gradual das oportunidades oferecidas pela escola secundária e, depois, Oxford, tornei-me consciente de uma incapacidade de aceitar qualquer coisa. Longe de poder aceitar as coisas como elas eram, sempre quis que fossem diferentes, mas carecia da crença enérgica (e muito americana) de Stonewall na capacidade de fazer a diferença.

Voltei a me sintonizar no que Leesa dizia, embora essa frase seja um pouco enganadora; eu mal havia sintonizado antes de divagar. Foi quando trabalhava num restaurante onde estava sendo organizado um jantar beneficente para Camp David que surgiu seu desejo de cozinhar na Casa Branca. Ela estava com um monte de dívidas da escola de culinária; a Marinha pagaria essas dívidas e seria, além disso, um trampolim natural para a Casa Branca. E assim, dois dias depois daquele jantar, ela entrou para a Marinha. Nos primeiros seis meses, seu trabalho era limpar, deixar as cozinhas prontas para a ação. Ela estava no refeitório do chefe. Quando o serviço de cozinha para valer começou, ela se oferecia para tudo. Oferecia-se para mais e mais. O trabalho começava às quatro e meia da manhã, mas ela não esperava pelas quatro e meia: estava decidida a trabalhar na Casa Branca, então entrava às três e meia e ia até as oito da noite. Esperava-se que seus colegas fizessem dois produtos por dia; Leesa fazia oito e os fazia a partir do zero ("porque eu queria *muito* trabalhar na Casa Branca"). Ela precisava superar todo mundo e dava duro o dia inteiro para chegar lá. Então ganhou a função de capitão de turno, o que significava que, após a preparação, o cozimento e a limpeza, precisava também fazer toda a papelada.

Embora eu aceite que a ambição seja, em certas circunstâncias, uma coisa boa, jamais gostei de gente ambiciosa. Tenho uma reação alérgica a elas. Mas ali na cozinha do capitão, encostado no balcão imaculadamente limpo, me vi não apenas gostando de Leesa, mas torcendo por ela como se estivesse ouvindo o equivalente culinário de um filme de *Rocky*, uma versão chef de cozinha da jornada de Barack Obama até a Casa Branca.

Só que a coisa não funcionou bem assim. O recrutador cometeu um erro ou deixou de fazer alguma coisa, e o pagamento da dívida a que Leesa tinha direito — e que foi um dos principais motivos de sua decisão de se alistar — nunca aconteceu. Quando isso foi descoberto, no campo de treinamento de recrutas, já era tarde demais para fazer algo a respeito. Só que (de novo) ela descobriu mais tarde (tarde demais) que *tinha* havido tempo para fazer alguma coisa a respeito no campo de treinamento, mas teria exigido muito mais esforço do que as pessoas de lá estavam dispostas a fazer. Então, ela ainda tinha um monte de empréstimos estudantis a pagar, e quando se candidatou a trabalhar na Casa Branca, a proporção dívida/ renda era alta demais. Mesmo assim, sua determinação em cozinhar na Casa Branca não foi afetada.

No momento em que nos encontramos em sua cozinha, a proporção dívida/ renda de Leesa estava em melhor forma, mas havia outro problema: só é possível se candidatar à Casa Branca a cada três anos, então ela teria de se realistar por mais quatro. O que completaria um total de nove anos na Marinha.

Era uma história notável e que justificava, de forma fortuita, meu hábito pouco profissional de me distrair e pensar em outras coisas. Porque agora, depois de todo aquele trabalho, de todas aquelas longas horas de entrega e dedicação, ela teria de aceitar as coisas — tal como minha mãe e meu pai sempre aconselharam. Mas como ela poderia aceitar isso? Como ela poderia não se sentir enganada, traída por descuidos e incompetências — exatamente as mesmas coisas que, tanto quanto eu havia observado, eram tão comuns na vida civil, mas que a Marinha dos Estados Unidos exortava seus membros a eliminar? Em especial porque, afirmava ela, esse tipo de trapalhada ou descuido em relação a empréstimos não era incomum. O paradigma americano de esforço e energia recompensados se transformara numa triste história que carecia até mesmo do vasto e desolado consolo da tragédia. Teria eu detectado um sinal disso em Leesa desde o início? Teria sido por isso que, ao contrário do meu instinto usual, eu sentira tanta simpatia por uma pessoa abertamente ambiciosa que estava tão ávida para se dar bem? Teria eu percebido que se tratava de uma história de ambição não recompensada e frustrada? Se era assim, talvez isso fosse um corretivo necessário para o ardente profissionalismo — perfeccionismo mesmo — que era uma característica tão marcante da vida no navio. Apesar de toda a conversa sobre oportunidade e a possibilidade de progresso, a Marinha é uma instituição tão enorme e monolítica que os indivíduos estão destinados a ficar presos aos regimes dela, sem quase nenhum recurso... à justiça.

As alternativas de se realistar ou abandonar o navio eram uma fonte de tormento para Leesa. Ela tinha três meses para resolver. Se decidisse sair, iria tentar trabalhar em Paris e, depois, talvez, voltar para San Francisco. Eu estava tão comovido com a injustiça do que havia acontecido que comecei a dizer algo sobre o Chez Panisse, em Berkeley, Califórnia. Vendo os olhos de Leesa se iluminarem à menção desse restaurante famoso, exagerei um pouco e, em vez de dizer que conhecia alguém que trabalhava lá, uma das auxiliares de Alice Waters, disse que conhecia a própria Alice (com quem eu jamais me encontrei) e que faria tudo ao meu alcance para ver se havia alguma vaga lá. Não se tratava de puro exibicionismo e *name-dropping*, embora fosse um pouco de ambos. Eu ainda estava entusiasmado com o discurso de Stonewall e queria fazer algo para ajudar, para protegê-la, para impedir que a(s) coisa(s) fosse(m) como era(m).

Depois de uma espiral um tanto delirante em que um emprego futuro no Chez Panisse pareceu não apenas possível, mas quase garantido, voltamos a nos concentrar no aqui e agora, no que o capitão queria de sua cozinheira. "Seja criativa e enlouqueça", foram suas palavras, o que era ótimo para Leesa. Especialmente porque era *muito fácil* cozinhar para ele. O capitão gostava de boa comida.

"Quem não gosta?", perguntei, e a conversa derivou para a má qualidade dos alimentos disponíveis em outros lugares do convés. Tive problemas com aquela comida, eu disse. Será que ela achava que, se estivesse no comando, poderia fazer algo para melhorar a qualidade da comida com que eu estava tendo tantos problemas, problemas *terríveis*? Eu não parecia particularmente digno de pena quando disse isso, não tinha segundas intenções em mente, com certeza não estava tentando tirar vantagem, de alguma forma, da cenoura do Chez Panisse — a cenoura orgânica, cultivada no local, relíquia de família — com que eu havia tantalizado Leesa alguns minutos antes; eu não estava direcionando a conversa para algum tipo de convite para jantar, mas a verdade é que as palavras seguintes de Leesa ficaram entre as mais belas que ouvi durante minha estadia no navio, superando a oratória francamente rebuscada de Stonewall. As palavras foram: "Você gostaria de um pouco de comida?". O lugar onde ela colocou a ênfase da pergunta — não "Você gostaria de um pouco de *comida*?", mas "Você *gostaria* de um pouco de comida?", como se a ideia de comida tivesse sido introduzida na conversa por mim e coubesse a ela responder como quisesse, desde que fosse com referência à comida — sugeria que eu talvez estivesse *sim* direcionando a conversa, ainda que de modo inconsciente. Agora que as cartas estavam na mesa, eu estava totalmente consciente e não senti nenhuma inibição em aproveitar a chance.

"Claro, cacete", respondi, seguido de um tímido e completamente implausível "se não for incômodo demais". Mas o que poderia ser demais — que diferença faria um jantar extra para alguém que havia trabalhado quinze horas por dia na esperança de que isso lhe garantiria um emprego na Casa Branca ou no Chez Panisse? E não era de fato um incômodo, pois ela começou a trabalhar na reabilitação das sobras do jantar daquela noite.

"Vai ser peito de frango tostado com abobrinha grelhada e uma redução de vinho do Porto."

"Parece bom", comentei. "Agora me fale sobre as ofertas especiais." De repente, eu estava de excelente humor, um humor *tripudiante* enquanto a cozinha se enchia com o barulho de panelas e o cheiro de uma adorável comida que estava sendo preparada só para mim. Sim, só para mim. Paul não tinha a menor chance. Nenhum gostinho. Ele se fartara da porcaria que serviam no vaso sanitário que chamavam de Refeitório dos Oficiais. Ha ha ha! Não surpreende que ficasse com aquela cara comprida, uma expressão que redobrou meu prazer antecipado.

Enquanto meu jantar era preparado, continuei a perguntar a Leesa se ela achava que poderia melhorar a qualidade dos alimentos disponíveis para o navio como um todo, mas, para ser honesto, não estava realmente interessado nisso. Toda a minha atenção estava voltada para a minha refeição, e o mesmo pode ser dito, quando ela foi servida, de Paul.

"Oh, cara...", ele disse, totalmente esmagado, enquanto eu examinava meu prato.

"Lembre-se do que Stonewall disse mais cedo", falei. "Você me apoia... e eu vou me empanturrar. *Bon appétit*, guarda-marinha Newell."

Embora eu me empanturrasse, tratei de fazê-lo devagar. Gemi e disse "hmm, delicioso" o tempo todo. E embora eu estivesse brincando em relação a Paul não conseguir comer nada daquilo, em algum nível, meu prazer foi reforçado pelo que considerei — voltando a uma palavra que me viera à mente alguns minutos antes — simplesmente como a *justiça* da situação. Era tão óbvio para mim que eu *merecia* aquela refeição mais do que qualquer outra pessoa no navio que ninguém sofria mais com a comida ruim — a comida estarrecedora — do que eu. E o capitão, percebia agora, havia sido um pouco econômico com a verdade dos seus princípios de liderança. "Coma depois que eles comerem" deveria ter sido seguido por "Coma muito melhor do que eles jamais poderão comer!". O frango estava macio, suave e úmido, sutil e cheio de sabores diferentes. Cheguei mesmo a triturar alguns ossos, mas eles também estavam tenros.

"Estava incrível", eu disse quando terminei. Era como se Leesa e eu tivéssemos acabado de fazer sexo barulhento e eu tivesse rolado na cama, totalmente satisfeito com a experiência. Tinha até bolo de sobremesa, mas eu me sentia tão repleto que embrulhei metade em um guardanapo e escondi para mais tarde. Minha barriga encolhida estava esticada como uma bola de praia. Pensei em Stonewall e em seu ótimo discurso, e em como ele se sentia feliz e orgulhoso no início do dia. Eu tinha meu próprio quarto para dormir e acabara de devorar uma deliciosa refeição feita pela cozinheira do capitão. Eu não havia salvado a vida de ninguém nem feito um discurso, mas tinha feito algumas piadas e estava feliz com o que comera, e estava me sentindo imensamente satisfeito comigo mesmo e com a maneira como tudo havia se resolvido. Sem dúvida, a felicidade de Stonewall era de um tipo mais elevado, mas não estava disponível para mim, e a minha, mais direta, não estava disponível para ele — e minha barriga estava prestes a explodir com ela.

E esse dia épico ainda tinha (um pouco) mais a oferecer. O capitão tinha a intenção de passar um filme no convés, sob as estrelas. Esse plano precisou ser abandonado: estava ventando demais e a tela teria funcionado como uma vela. Uma vergonha. Eu não tinha nenhuma vontade de ver *Piratas do Caribe 3* — é de presumir que era mais idiota ainda do que os dois primeiros filmes da série —, mas teria gostado de passear pelo convés estrelado e assistir às pessoas assistindo ao filme. Em vez disso, o filme seria exibido no hangar.

Estava lotado ali, com pessoas em cadeiras dobráveis ou sentadas de pernas cruzadas no chão, comendo pipoca, vibrando nos momentos apropriados, olhando para a tela gigantesca com a sua vista de navios num filme azul do mar.

39.

Na noite seguinte, Paul também tirou uma casquinha. Ele foi até a cozinha de Leesa para ver se havia sobras disponíveis para mim e voltou para o meu quarto com um prato para ele também. Nós dois traçamos enormes porções de salmão e massa. Nham. Estava fantástico. Estava gostoso. Tinha sabores, estava macio. Paul teve de sair logo depois que terminamos de comer e assim, de sobremesa, devorei o bolo que surrupiara na noite anterior. Eu deveria estar no navio como uma espécie de repórter, mas acabara vivendo como um náufrago ou refém, um refém que havia sido sequestrado por ele mesmo e estava, em consequência, desenvolvendo uma forma peculiarmente intensa e rara de síndrome de Stockhausen.

Vê o estado em que eu estava? Eu quis dizer síndrome de *Estocolmo*, mas talvez fosse de síndrome de Stockhausen (seja lá o que for isso) que eu estava realmente sofrendo. Ri comigo mesmo enquanto traçava o bolo e sentia minha barriga ficando mais uma vez retesada como uma bola de praia, uma bola de praia ainda maior do que no dia anterior. O mundo precisa saber o que aconteceu comigo, disse a mim mesmo, devo escrever uma mensagem, selá-la em uma garrafa e encontrar uma forma de arremessar a garrafa ao mar quando ninguém estiver olhando — especialmente o capitão. Ela diria: *Socorro. Saltem o nadador! Sou Beachbelly, escritor-residente, a bordo do USS Stockhausen. Sou um refém no USS Stockhausen. Sou o autor de renome internacional do* Helikopter Streichquartett *e de um* Bildungsroman *inflado chamado* Nadando o saltador. Quanto mais dizia USS *Stockhausen* e Beachbelly para mim mesmo, mais eu ria e mais feliz me sentia. Que eu achasse isso incrivelmente engraçado talvez fosse um sintoma clássico da síndrome de Stockhausen, disse para mim mesmo sentado em meu quarto, muitíssimo feliz, inflado e dando risadas como se não houvesse amanhã.

40.

De fato, quase não havia amanhã — ou somente dois deles, de qualquer modo. Dentro de dois dias eu iria embora e, em consequência, sucumbi à minha própria versão da febre do portão de embarque que começa a afligir a tripulação perto do final da mobilização. Eu temia que meu nome não estivesse na lista do Greyhound (estava, chequei duas vezes), que o voo fosse cancelado ou que haveria um acidente e o avião cairia comigo a bordo (este último era o menor dos meus temores; pelo menos eu não estaria *aborrecido*). Eu também estava preocupado — depois da quase perda do meu caderno de exercícios no voo de ida — com minha bagagem, que ela pudesse se extraviar. Os detalhes não importam, exceto na medida em que (essa expressão de novo!) provavam que eu estava desesperado para sair do navio. Eu tivera uma das grandes experiências de minha vida, não a teria perdido por nada deste mundo — e mal podia esperar que ela acabasse.

    Sim, Beachbelly estava pulando de volta para a praia. Licença para descer! Liberdade! Liberdade para explorar os ambientes suntuosos do Bahrein! Mais exatamente, a chance de usar sua conta do Gmail, em seu quarto de hotel. Comer comida adequada (um problema menor desde que passara a consumir as sobras da cozinha do capitão) e beber cerveja. Cerveja! Mas ele ainda *queria* cerveja? Ele não havia apreciado os sonos sem bebida alcoólica e a ausência da sensação de embriaguez e tontura, que normalmente sinalizava a passagem do dia para a noite? Será que ele, de algum modo, não ia sentir falta das instituições da vida naval que estava tão impaciente para abandonar?

E não é que eu tenha parado de repente de apreciar a estadia no navio. Alguma coisa estava quase sempre sendo adicionada à rotina aparentemente imutável do dia. Uma manhã inteira foi ocupada pelo reabastecimento no mar. A estibordo fomos reabastecidos por um navio que navegava ao lado do nosso, os dois umbilicalmente unidos por seis pares de mangueiras de combustível enganchadas e pendentes. Era o equivalente não de parar o carro em um posto de gasolina, mas de parar um posto de gasolina no carro. Forçado a circunstâncias estreitadas, o mar espumava e corria entre nós como um rio de água branca. A outra embarcação era um navio de guerra cinza, imagino que da mesma cor que o nosso — um tom de camuflagem que parecia mais eficaz no Atlântico do que ali, onde o céu e o mar eram sempre de um azul árabe.

Do outro lado, num relacionamento muito menos íntimo, estava outro navio de onde um helicóptero ia e vinha, trazendo uma carga baixa de suprimentos e voltando de mãos vazias. O trio de navios balançou junto assim por uma distância e um tempo incalculáveis, numa harmonia finamente calibrada — e muitíssimo perigosa.

Mesmo sem eventos excepcionais como este, minha vida era mais interessante do que aquela para a qual eu voltaria em breve. Na minha penúltima manhã, fui até a Fileira dos Abutres para assistir à ida e à volta dos aviões. Um dos chefes com quem eu havia almoçado umas duas vezes já estava lá. "Como vai?", ele gritou. "Estou ótimo, obrigado", berrei em resposta. "E você?" "O sol está brilhando, o vento está soprando, os jatos estão voando", ele trovejou de volta. "Não fica muito melhor do que isso!" Ele tinha razão — mas as coisas poderiam muito fácil ter ficado piores do que isso. Havia sido complicado arranjar datas que fossem adequadas tanto à logística da Marinha como à minha agenda surpreendentemente lotada. As primeiras datas propostas foram no final de novembro, nos estertores da mobilização, quando o porta-aviões estaria fazendo seu trajeto deprimente através do Atlântico. Eu não podia nesse período, mas também ressaltei que o tempo, naquela época do ano, no meio do Atlântico, seria terrível e que eu ficara traumatizado com o episódio de *O mundo em guerra* dedicado à Batalha do Atlântico (os comboios mercantes, os ataques em massa de submarinos). Quando isso foi retransmitido para a cadeia de comando, o fato de que eu *não podia* viajar naquele período foi apagado, de tal modo que parecia que tudo o que me importava era o clima. Corrigi isso: sim, estava claro que eu *preferia* tempo agradável a tempo ruim, mas que isso era secundário em relação aos meus outros compromissos e obrigações — graças a Deus! Eu percebia agora que teria sido não só horrível além da conta, mas completamente inútil estar no porta-aviões no ondulante e cinza Atlântico no final de novembro. Nada de jatos voando — ou seja, o porta-aviões poderia muito bem ser um navio de carga — e um tempo tão frio que o chamado convés de voo teria sido como uma estrada vazia no meio do oceano. Mar agitado e a tripulação apenas contando os dias e minutos, esperando para chegar em casa com nada para fazer de fato (mas pode apostar que eram mantidos ocupados), em um estado de tédio e impaciência crescentes.

41.

Em sua última noite, Beachbelly não comeria as sobras da cozinheira do capitão. Porque ele voltaria a comer a gororoba com o resto da tripulação? Não, porque ele estaria jantando na mesa do capitão. A cabine de porto do capitão — como era bizarramente chamada — tinha por modelo um cômodo da casa da família Bush, mas com janelas menores (cobertas para evitar que a luz reveladora se irradiasse para a noite hostil lá fora, a noite do inimigo). A iluminação não era delicada, mas a mobília e o sofá, sim. Beachbelly sentou-se nele um pouco tenso, olhando ao redor. Muitos retratos de Bush e família parecendo estar a meio caminho entre o régio e o comum, não perturbados pela consciência de que, tendo expulsado Saddam do Kuwait, deixaram passar a chance de dar um jeito nele para sempre (reservando assim um bocado de dor de cabeça para o filho no futuro). Talvez as fotos tenham sido tiradas antes disso, quando a principal preocupação deles era que esse filho dava sinais de ser um pouco retardado.

Havia sete convidados para o jantar, além do capitão Luther, que ainda não chegara. Beachbelly era o único civil, mas estava usando uma camisa limpa e passada que havia reservado justamente para uma ocasião como essa.

O capitão chegou vestido com seu uniforme de voo, como se tivesse acabado de descer da classe executiva de um F-18. Todo mundo se levantou, inclusive Beachbelly, que ficou por alguns segundos em posição de descansar, até que o capitão acenou para que se sentassem à mesa. Beachbelly ficou imediatamente à direita dele. Não precisava entender o significado preciso disso para estar cônscio da honra. À sua direita estava alguém que havia entrevistado alguns dias antes cujo nome havia esquecido e cuja patente nunca entendera (embora soubesse que era alta). Beachbelly ficou com a impressão de que esse vizinho de alto escalão se perguntava por que seu vizinho sem patente havia passado as duas últimas semanas desperdiçando o tempo de todo mundo.

A mesa estava posta com taças de vinho, preenchidas com água ou chá gelado. A mera presença dessas taças deflagrou em Beachbelly uma ânsia por vinho mais intensa do que qualquer vinho real poderia satisfazer. A situação toda clamava por um decantador de borgonha, mas não havia decantador e tampouco borgonha. Era como uma visão da vida depois que todos tivessem percorrido os doze passos até a sobriedade, e Beachbelly era o único atormentado pela consciência de que não tinha de ser assim, que havia um lugar para a moderação, para ficar acordado até tarde, para abrir outra garrafa e dizer coisas do tipo "Saideira, quem vai?" ou "Um último copo, chefia?".

A comida começou a chegar e Beachbelly não ficou desapontado: sopa de coco tailandesa, seguida de peito de pato crocante, chutney de manga e arroz cozido à perfeição. Talvez não fosse melhor do que a comida que ele havia filado nas duas noites anteriores, mas havia uma grande diferença entre devorá-la como um clandestino e desfrutá-la como convidado legítimo à mesa do capitão.

Pouco antes de ir para o porta-aviões, Beachbelly lera o romance *A mesa da ralé*, de Michael Ondaatje, em que o narrador transmite "uma pequena lição" aprendida na longa viagem marítima do Ceilão para a Inglaterra. Ao contrastar o status inferior da mesa onde janta todas as noites com a mesa do capitão, em que as pessoas "brindavam constantemente à significação umas das outras", ele insiste que "o que é interessante e importante acontece principalmente em segredo, em locais onde não há poder. Nada de valor muito duradouro acontece na mesa principal, mantida unida por uma retórica familiar". Talvez seja assim, mas a comida é com certeza melhor, detalhe que, naquele momento da mobilização, era tudo o que importava para Beachbelly.

E a própria observação de Ondaatje, concluiu, era uma forma de retórica. Tudo depende de quem está na cabeceira da mesa. O capitão Luther tinha um brilho permanente nos olhos e não poderia ter feito mais para deixar as pessoas à vontade. Ele era objeto de um pouco de gozação respeitosa, mas era, como estava claro, o capitão, então todos se comportavam da melhor maneira, o que significava que ele mesmo precisava fazer boa parte da gozação. Um dia antes, completara uma maratona na esteira — um bom lugar para estar, declarou, já que ele "não era mais do que uma maca longe de um desfibrilador". Uma parte dele talvez ansiasse por *não* ser o capitão, por uma relação de igualdade completa, em que todos fossem julgados não por sua patente, mas pelo conteúdo e a qualidade de seus gracejos. Era impossível ter uma noção dele fora de sua condição de capitão. Mas era difícil imaginar que seu equivalente na Marinha Real britânica pudesse ser mais charmoso ou equilibrado. Beachbelly se perguntou se era aceitável que ele iniciasse um tópico de conversação, ficou tentado, em alguns momentos, a arriscar estratagemas de conversação, mas depois desistiu. Como teria sido jantar com o capitão em Paris, onde passeou depois que o navio atracou em Marselha, no caminho de volta para a Virginia? Falou-se de beisebol ou futebol, nada que significasse alguma coisa para o Beachbelly inglês. Ele não se importava. Estava, como costumam dizer, *saboreando* seu peito de pato, saboreando tanto a sua condição inerente de ser um peito de pato quanto o fato de que não era a goroba que estavam comendo no resto do porta-aviões. Ergueu os olhos quando ouviu o capitão dizer "o horizonte de eventos da informação. Ele vai para lá e fica lá", e gostaria de ter ouvido o que levou a essa observação interessante, em vez de se concentrar somente em seu peito de pato, agora desaparecido. O pato também havia passado pelo horizonte de eventos.

O brilho nos olhos do capitão não conseguia esconder por trás o cansaço acumulado. Numa noite boa, ele tinha cinco horas de sono. Era para isso que tinha se programado na noite anterior, ao pôr o despertador para as seis e meia, mas a partir das três e meia recebera telefonemas a cada meia hora sobre navios que se aproximavam demais, coisas que, embora não exatamente urgentes, exigiam sua autorização. Beachbelly não teria condições de lidar com isso. Ele não era um líder. Ele era Beachbelly, e Beachbelly adorava seu sono.

A sobremesa chegou — um troço de chocolate — e então todos assinaram os menus e posaram para fotos. Serviram café e chás de ervas, o jantar acabou — o capitão recebeu uma chamada em seu rádio — e todos foram embora, retornando às suas posições. Ocorreu a Beachbelly que ele poderia ter relaxado um pouco mais, mas lembrou-se de que, na ocasião, enquanto estavam à mesa, ele julgara inapropriado *parecer* muito relaxado. Porém, a principal impressão que ficou foi a da velocidade do jantar. Havia passado como um raio, mas em vez de se sentir ludibriado, ele se perguntou se aquele era um modelo que poderia ser adaptado para uso na praia. Convidar as pessoas para chegar às oito e mandá-las embora, de barriga cheia, às nove. Isso jamais funcionaria, devido ao ingrediente tão conspicuamente ausente do jantar do capitão: álcool, birita, vinho... Mas como era bom se levantar da mesa sem se sentir meio dormindo e meio desinflado, porém saltitante como uma bola, pronto para a promoção do guarda-marinha Newell no refeitório dos altos oficiais.

42.

O refeitório dos altos oficiais estava cheio com mais de uma centena de marinheiros e aviadores em trajes de voo, camuflagem digital ou macacões. Estava lotado tanto na horizontal como na vertical: nem todos tinham a minha altura, mas a diferença entre as cabeças e o teto baixo era visivelmente mínima. Paul estava sendo promovido junto com outro guarda-marinha e sua parte da cerimônia seria seguida por outros prêmios para vários desempenhos extraordinários. A almirante Tyson estava fazendo um breve discurso. Eu mal podia vê-la por cima do mar de cabeças, mas ela não tinha nenhuma dificuldade em se fazer ouvir.

"Isso é uma grande coisa, caso vocês não saibam. Temos dois guardas-marinhas aqui. Um deles está na Marinha há catorze anos e o outro, há oito. Ambos começaram como E-3s na Marinha e hoje estão sendo promovidos a JGs. O que isso representa para mim — e digo isso toda vez que tenho a oportunidade, então vocês podem muito bem estar cansados disso."

Eu não estava cansado daquilo — não tinha ouvido antes — mas estava com a sensação que tivera muitas vezes antes no navio, com muito mais frequência do que tinha no curso normal da vida civil, de gostar intensamente de alguém, combinado com uma intensa admiração. Eis uma combinação adorável, que a almirante encarnava: ser admirável *e* gostável.

"Uma das coisas em relação às forças militares é que todos entramos por alguma razão, mas é um campo de jogo nivelado e você pode fazer dele o que quiser. As oportunidades estão aí para ter sucesso, e você pode ir tão longe quanto quiser. Então, hoje nós vamos fazer deles JGS e quem sabe até onde eles podem ir."

Depois, voltando-se para Paul e seu colega, ela disse: "Gostaria que suas famílias e amigos estivessem todos aqui para ver isso, mas de qualquer modo, sabemos que somos os melhores amigos de vocês".

À sua maneira interiorana do Sul, a almirante foi uma oradora tão comovente quanto Stonewall. O fato de que ela — uma almirante — pudesse falar nesse estilo caseiro era realmente uma das coisas mais impressionantes nela. Do seu jeito, ela exemplificava o ideal alcançado no jogo equilibrado em um convés por vezes instável de um navio plano.

Fiquei contente pelo fato de que a última coisa que aconteceu durante minha temporada no porta-aviões foi a promoção de Paul. Ele era a pessoa que eu conhecia melhor, a pessoa com quem eu havia passado a maior parte do tempo e ele era muito *merecedor* da promoção: alguém que encarnava tudo o que era decente e confiável, e que era encantador, divertido e um cara com quem era *muito* fácil estar. Quanto mais velho fico, mais gosto disso: estar com pessoas com quem é fácil estar. Quando me disseram — por Newell — que eu seria escoltado em minhas andanças pelo navio por alguém (normalmente ele), fiquei desapontado, mas acabei me sentindo menos à vontade quando ele *não* estava por perto. Nada disso, é claro, pode desculpar o bigode absurdo que ele continuou a cultivar durante toda a minha visita; numa instituição civil, aquele bigode teria sido motivo suficiente não apenas para ignorá-lo no que diz respeito a promoções, mas para uma dispensa desonrosa. Duas pessoas tiraram as listras de ouro dos colarinhos de Newell e as substituíram por outras de prata (de tal forma que a promoção parecia um rebaixamento ou desclassificação). O primeiro dos jatos que retornavam chegou batendo no convés de voo, abafando a voz de Paul e seu colega quando eles fizeram o juramento de "defender a Constituição".

Após o término da cerimônia, a almirante nos avisou de uma possível mudança na programação do navio, que não afetaria a data prevista de retorno aos Estados Unidos — embora se pudesse confiar que as condições climáticas de novembro fariam isso. Essa notícia era confidencial, disse a almirante, então me senti um pouco em evidência, ali de pé com caneta e caderno, anotando tudo. Duas pessoas me olharam, não com ar de suspeita, apenas de um jeito que deixava claro o reconhecimento do risco-à-segurança. Rasguei a página relevante do meu caderno de exercícios, amassei-a com uma mão e a enfiei na coisa mais parecida com uma trituradora que pude encontrar, a saber, minha boca.

43.

Na minha última manhã, uma mulher chamada Angela veio trocar os lençóis e preparar o espaço para o próximo convidado. O lugar onde eu estava dormindo em isolamento privilegiado não poderia ser mais diferente do alojamento que ela compartilhava com mais de cinquenta mulheres, mas isso não parecia preocupá-la.
"Eu sei compartilhar. Sou mais adaptável do que a maioria. Em vez de fazer com que se adaptem a mim, me adapto a elas, por isso é mais fácil para mim viver em comunidade. Prefiro ter meu próprio espaço, mas sei como tornar as coisas confortáveis para que não tenham de se preocupar comigo e eu não precise me preocupar com elas."
Ela estava com 28 anos. Antes de entrar para a Marinha, tinha sido supervisora na UPS e antes de cuidar das suítes dos convidados, estivera no convés de voo.
"Como era lá?", perguntei.
"Carregávamos as correntes, nos esquivávamos e nos agachávamos, lavávamos os jatos à noite. Tínhamos de tirar o sal e a areia deles. Checar o óleo do motor, verificar se o nível ficou bom, che-

car a pressão dos pneus." Ela fazia o convés de voo parecer uma garagem potencialmente perigosa em Chicago. Depois, ele ficou parecendo outra coisa, no Illinois rural: "O convés de voo, depois que você conhece e sabe o que evitar, é como estar em um rio". Tinha a voz mais suave e melodiosa que já ouvi. Sua voz também era como um rio, e eu poderia escutá-la por horas, apenas me deixando ir, seguindo com o fluxo das palavras, ouvindo-a dizer, a respeito do convés de voo, "ele faz o tempo passar *rápido*; quando você está no convés de voo, o tempo *voa*".
O tempo não estava voando para mim. Tinha parado. Os minutos eram pesados como uma âncora. Eu estava ansioso para ir embora, acabar com aquilo de observar e lembrar e tentar prestar atenção a explicações complexas de coisas e processos que eu não conseguia entender, enquanto me preocupava o tempo todo em não bater com a cabeça. O fato de eu ser um voluntário não diminuía a tensão desses últimos momentos. Tudo voltava à primeira palavra nova que eu ouvira: armadilha. Você está no navio e está preso. Bem, eu estava cheio da armadilha e impaciente pela catapulta. Queria que me mandassem para o Bahrein, um lugar aonde eu não tinha vontade de ir, que eu não tinha vontade de conhecer. Queria voltar para a minha mulher e meu apartamento com sua iluminação agradável e janelas, seus interruptores com dimmer e tranquilidade, onde não parecia que a cada dois minutos o telhado fosse ser arrancado por forças tão intensas e estrepitosas que quase desafiavam a compreensão. Estou pronto para ir, disse a mim mesmo, pronto para me libertar dos ásperos grilhões da Terra,* então me ponham naquele pássaro, me amarrem e lancem-no para os ares.

---

* Alusão ao verso inicial do poema "High Flight", do aviador e poeta norte-americano John Gillespie Magee Jr.: "*Oh! I have slipped the surly bonds of Earth*".

44.

Eu estava pronto para partir, esperando com impaciência por Paul, e assim, pela última vez, recorri ao que equivalia a chamá-lo pelo telefone: peidei e, como era de esperar, como se tivesse esfregado a lâmpada para fazer o gênio aparecer, ele bateu na minha porta. Pela última vez, caminhamos pelo salão de espelhos, através das portas inimigas dos joelhos e pelas passarelas cheias, como sempre, de gente limpando, esfregando e polindo e abrindo caminho para nos deixar passar. No barracão do ATO, Paul e eu nos despedimos. Nada de abraços ou lágrimas, apenas um aperto de mãos, olho no olho, de homem para homem, de cristão para ateu, de marinheiro para civil.

O barracão do ATO já estava lotado de pessoas esperando para voar. Entre elas estava uma mulher com quem havíamos almoçado de vez em quando e que fazia parte do grupo de jovens pós-graduandos que trabalhava no reator. De início, não a reconheci. Estava de jeans e uma camiseta azul com alguma coisa escrita sobre Chicago na frente. Pude ver a forma de seus seios e os braços nus. Seus cabelos estavam soltos e eram muito longos. Temendo que, se me sentasse perto dela, não conseguiria tirar os olhos, sentei-me na outra fileira, de costas, de frente para a parede, pensando no que havia visto e, com um pouco mais de inquietação, no que não havia visto. Com que eficácia o uniforme escondera não apenas seu corpo, mas a *feminilidade* que havia dentro dele. Dei-me conta então de que, mesmo quando se exercitavam de shorts e camiseta, as mulheres não tinham nada do fascínio da lycra das aulas de ginástica na cidade, ou a confiança maleável e quase erótica e a calma que a gente nota (sem dar bandeira) quando um bando de mulheres vai a um café depois de uma sessão de ioga. Não, elas estavam apenas malhando nas esteiras com todas as suas forças. O único impulso sexual que eu tivera — e não foi nem remotamente *sexual*, apenas uma forma diluída de curiosidade romântica — havia se concentrado na mulher do hangar com os olhos luminosos. E, agora, eu estava subitamente cônscio daquela ausência, de pensamentos e sentimentos que eu não tivera.

Isso é o que se passava pela minha cabeça de 53 anos de idade no barracão do ATO. E nas cabeças dos jovens de dezenove e vinte anos que estiveram mobilizados durante todos aqueles meses? Eu era o único homem a exibir — quer dizer, me esforçar para não exibir — esses pensamentos lascivos? Talvez seus pensamentos fossem mais maduros do que os meus. Mas como poderiam ser? Ou talvez, no decorrer da mobilização de sete meses, eles não haviam sido tão distraídos quanto eu durante as minhas duas semanas. O que eu via como uma revelação após o fato, eles talvez tivessem vislumbrado, registrado, compreendido e armazenado mentalmente em muitas outras ocasiões no navio. Apesar de todas as regras que regiam as demonstrações de afeto e assim por diante, deveria haver uma corrente constante de atração sexual percorrendo o navio o tempo todo. Talvez essa minha "luxúria" tardia fosse um sintoma de diminuição do sentimento sexual, uma incapacidade de captar uma coisa que, apesar dos uniformes e códigos de comportamento dessexualizantes, era, para os jovens do navio, perceptível e onipresente.

Não precisei ficar sentado no ATO por muito tempo, olhando para a parede. Logo — craniais ajustados e visores abaixados — começamos a marchar em fila indiana para aquele outro mundo, o convés de voo. Rostos com visores pretos e blusões coloridos coordenados nos direcionaram para o Greyhound à espera.

Céu. Oceano. Silêncio. Vento soprando. Jatos em movimento e estacionando. Apenas as mesmas — e tão incríveis quanto — coisas, como em qualquer outro dia. Hora de voar.

Mais um dia magnífico no mar.

No avião, nos amarramos em nossos lugares. Por mais que eu ajustasse, as fivelas das alças estavam diretamente em cima de minhas clavículas. As instruções de segurança haviam enfatizado a intensidade das forças — a gravidade negativa — que seriam desencadeadas na decolagem. Nossos assentos estavam voltados para trás, então seríamos arremessados para a frente, contra as correias. Fiz um sinal para o tripulante aéreo naval (como eu sabia agora que o comissário de bordo deveria ser chamado).

"O que foi, senhor?", ele gritou.

"As fivelas estão pressionando minhas clavículas." Embora eu estivesse gritando, ainda soava fraco.

"O que quer que eu faça a respeito, senhor?", ele voltou a gritar. Se estivesse um pouco mais silencioso e eu me sentisse menos ansioso, poderia ter respondido: "Eu ficaria grato se você pudesse ajustá-las para que eu possa me sentar com mais conforto. E depois de ajustá-las, talvez possa fazer a gentileza de me trazer um gim-tônica com gelo e uma fatia de limão". Em vez disso, manifestei aos berros meus temores muito reais.

"Estou com medo de quebrar minhas clavículas na decolagem."

Ele sorriu. "Não vai acontecer, senhor."

Então o que iria acontecer, tendo em vista a natureza alarmista das informações de segurança? O que aconteceu foi que continuamos sentados por mais dez minutos, durante os quais continuei a ajustar todas as correias disponíveis, me contorcendo de tal forma que as fivelas ficaram ligeiramente acima de minhas clavículas. Em consequência, a correia da cintura já não estava na minha cintura, mas sobre minhas costelas inferiores, o que significava que elas também corriam o risco de se quebrar. Por fim, quando tive certeza de que as hélices estavam aumentando de velocidade antes da decolagem, apertei tanto todas as correias que mal podia respirar. Cruzei as mãos sobre meu peito como me haviam dito, olhei para baixo para me certificar de que meus pés estavam sobre a barra da frente (também conforme as instruções), mas descobri que não havia barra alguma. Os motores rugiram mais alto. O comissário de bordo fez um gesto para indicar que estávamos prestes a partir.

A decolagem não foi parecida com nada que eu já tivesse experimentado — com ênfase em *nada*. Mais um rugido de hélices. Um solavanco para a frente — nenhuma sensação para valer de ímpeto, um acréscimo mínimo de pressão sobre a clavícula — e então, uma parte não identificada do porta-aviões passou como um borrão pela janela e estávamos voando baixo sobre a água. No ar! Não estávamos sulcando o mar. Tínhamos deixado o porta-aviões e estávamos laboriosamente escalando degraus íngremes de céu. As pessoas começaram a tirar seus craniais, soltando correias que já estavam muito mais soltas do que as minhas. Segui o exemplo, fiz o que lhe dizem para fazer em um avião comercial: recostei-me (figurativamente falando: ainda estava ereto como um raio), relaxei, apreciei o nada-está-acontecendo do voo.

O drama da decolagem só fez sentido quando aterrissamos no Bahrein. Descemos tão aos poucos que apenas a pressão ocasional nos ouvidos deu alguma noção do que estava acontecendo. As rodas atingiram a pista e rodamos pelo que me pareceu uns três quilômetros antes de diminuir a velocidade e parar.

Estávamos de volta à praia.

45.

Em duas curtas semanas eu ficara completamente habituado à vida no navio. Isso também só ficou claro quando voltei à terra muito seca do Bahrein. Registrei-me no hotel, subi para meu quarto e tomei um longo banho. O chuveiro era de superluxo, uma fonte de prazer, e não apenas uma forma de ficar limpo o mais rápido possível. A própria água parecia mais limpa e mais reluzente. Lavei os cabelos com palmas cheias de xampu e condicionador, me sequei com uma toalha branca macia, do tamanho de uma bandeira, e tirei roupas limpas de minha mala. Eu não havia percebido, enquanto estava a bordo, como tudo estava tão sujo. Meus sapatos davam a impressão de que eu estivera trabalhando numa oficina mecânica, meus cadernos de exercício pareciam que tinham sido rabiscados por um cara com dificuldade de aprendizagem na recepção de um lugar que empregava cinquenta mecânicos. Meu pequeno gravador e minha câmera estavam engordurados. Tudo, até mesmo o que não estava realmente engordurado, estava coberto por uma fina sugestão de óleo. A única vez que meu laptop tinha deixado meu quarto foi ao ser levado para o Greyhound; eu sempre lavava as mãos antes de usá--lo, mas o teclado parecia manchado e oleoso. O combustível e o lubrificante da oficina gigantesca e a pista de pouso que é o porta-aviões tinham impregnado tudo. Isso não é surpreendente; o surpreendente era que eu não tivesse notado nada no navio.

Olhei pela janela para a paisagem urbana vazia que é o Bahrein e tive outra revelação: eu poderia sair para uma caminhada! Para efeitos de turismo, o Bahrein compete com os lugares menos interessantes do planeta. As pessoas no porta-aviões que tinham passado um tempo no Bahrein disseram que a melhor coisa a fazer era ver um filme no meu quarto e só, mas a liberdade de andar por aí, a céu aberto, era incrível.

Era Eid, um feriado. As ruas estavam desertas. Tudo estava tão vazio e silencioso que era difícil perceber a diferença entre as grandes torres de apartamentos que ainda não estavam prontas para a ocupação e aquelas que já estavam funcionando como moradias de muitos andares. O fato de ser um feriado, de haver tão poucas pessoas na rua, tornava o contraste com a vida cheia de gente do navio mais marcante do que se eu tivesse desembarcado em Londres ou Nova York, reforçando o fato extraordinário de que havia ruas, em vez de corredores. Essas ruas só eram cobertas pelo céu e, relativamente falando, estavam desertas. Era possível andar sem se inclinar, cruzá-las sem usar um cranial. Não era preciso nem protetores de ouvido.

Não havia nenhum sinal da instabilidade política que fizera parecer possível que a Primavera Árabe chegasse aqui no outono. Na verdade, não havia sinal de nada, exceto indianos ou bengaleses que estavam no Bahrein para trabalhar, caminhando em pequenos grupos de três, e alguns turistas — americanos, imaginei — desfrutando de um dos benefícios das viagens bancadas pela Marinha: a oportunidade de visitar um lugar que não vale a pena. Mas suspeito que estavam desfrutando exatamente das mesmas sensações que eu, curtindo a oportunidade de caminhar, de ir aonde quisessem. Eu esperava por acenos de reconhecimento, algum sinal de que fazíamos parte da mesma tribo, mas eu não estava de cabeça raspada e não era musculoso: parecia somente um expatriado magricela, uma sobra de um romance que Graham Greene decidira não escrever. Estava extremamente quente e, embora pudesse estar úmido, o ar parecia seco como uma torrada velha. Não havia nada para ver.

Voltei para o meu quarto e vi um jogo de futebol — futebol inglês, futebol de verdade: Spurs contra Fulham. Isso sim valia a pena ver! Mais tarde, jantei no restaurante do hotel: um frango ao curry verde tailandês que, em relação a quase tudo o que eu havia comido no navio, estava sensacional, mas que mal se comparava com a refeição tailandesa da noite anterior, na mesa do capitão. Tomei uma cerveja no jantar e fiz questão de olhar para ela, dourada, fria e suando, antes de prová-la. Tinha gosto de... cerveja. Era razoável. Não era a cerveja dos meus sonhos, a cerveja *Sob o sol da África* pela qual eu ansiava. Era uma simples Heineken. Talvez tivesse sido diferente se fosse uma Sierra Nevada ou uma pilsner bem gelada. Não tive vontade de um segundo copo.

Depois do jantar, vi dois sujeitos atarracados, de cabeça raspada, camisetas, shorts e sandálias, que pareciam militares. Estavam esperando o elevador com uma dupla de mulheres de vestido e salto alto cuja aparência dizia prostituição. Esperei o elevador seguinte e voltei para o silêncio absoluto do meu quarto de hotel, o silêncio que servia de amplificador para o ruído, embora isso só tenha ficado evidente mais tarde, depois que apaguei a luz. Uma porta de incêndio ligava o meu quarto ao do lado, através do qual vinham os sons excitados de... felizmente, não de seres humanos tendo relações sexuais, mas de um homem sozinho, como eu, assistindo ao jogo na TV. Um homem americano vivendo as emoções e decepções de um jogo de futebol (americano), exatamente como eu havia feito algumas horas antes. Em comparação com o navio, o silêncio no meu quarto era o de um túmulo, mas era um túmulo de onde eu era exumado a cada poucos minutos por guinchos, brados, gritos de incentivo e gemidos de decepção. Acendi a luz de cabeceira e telefonei para o sujeito. Ele disse que estava assistindo ao time de sua cidade e não se dera conta de toda a gritaria que estava fazendo. Ele era um doce de pessoa, tão doce quanto Jax. Não ouvi mais nem um pio dele.

Deixei as cortinas abertas para que pudesse ver a cidade à noite, uma sucessão desinteressante de edifícios, luzes e, além, o mar. Eram quase dez horas. No porta-aviões, logo haveria a pequena mensagem e a oração que precedia o Apagar das Luzes. Pensei na cabine e me perguntei qual seria a historinha que estaria sendo contada pelo circuito principal, antes da oração. Como era adorável terminar o dia assim, ouvir a palavra "oremos...", ouvir alguma versão definitiva e gentil do que era enfatizado ao longo do dia por todos: fazer melhor, distinguir-se, trabalhar com o máximo de suas habilidades, para si e para todos os outros.

Exportando minha rotina do navio para o hotel, apaguei a luz de cabeceira e deitei na cama imensamente luxuosa, lembrando pedaços de salmos e hinos de que sempre gostei, trechos sobre aqueles em perigo no mar, aqueles que vão para o mar em navios e labutam em meio às ondas. Havia nesses versos um reconhecimento de que há algo especialmente vulnerável na vocação do marinheiro lá fora — como dissera Stonewall —, no mesmo mar de Noé.

O que significa orar? Como você pode orar se não há *a quem* orar? Não sei. Pensei em Paul inclinando a cabeça sobre o prato como que pedindo ao Senhor para poder enfiar a gororoba goela abaixo sem vomitar. Você não me pegaria fazendo isso — prefiro ficar sem comer até encontrar uma maneira de pôr as mãos nas sobras da mesa do capitão.

Não orei quando meus pais estavam morrendo ou depois de sua morte. Apenas engoli aquilo até que, depois de um tempo, não pareceu mais que tivesse de engolir coisa alguma; parecia apenas com a vida, com a vida subscrita por uma sugestão constante de morte.

A oração, ao mesmo tempo uma capacidade e um hábito, desapareceu, se atrofiou — a menos que signifique algo muito simples, como pensar nas pessoas, pensar com carinho nelas, querer o melhor para elas, esperar que não lhes aconteça nada de ruim. Se isso conta, então foi isso que fiz: orei por aqueles que vão para o mar em navios.

Apêndice
Patentes da Marinha dos Estados Unidos*

TÍTULO	ABREVIAÇÃO	TRADUÇÃO	NÍVEL SALARIAL
Seaman Recruit	SR	Marinheiro recruta*	E-1
Seaman Apprentice	SA	Marinheiro aprendiz*	E-2
Seaman	SN	Marinheiro*	E-3
Petty Officer Third Class	PO3	Suboficial de terceira classe	E-4
Petty Officer Second Class	PO2	Suboficial de segunda classe	E-5
Petty Officer First Class	PO1	Suboficial de primeira classe	E-6
Chief Petty Officer	CPO	Suboficial chefe	E-7
Senior chief Petty Officer	SCPO	Suboficial sênior	S-8
Master Chief Petty Officer	MCPO	Suboficial máster chefe	E-9
Fleet/ Command Master Chief Petty Officer	FLTCM/ FORCM	Suboficial máster chefe de armada/ comando	E-9
Master Chief Petty Officer of the Navy	MCPON	Suboficial máster chefe da Marinha	E-9 (especial)

* Há certa equivalência entre os oficiais das Marinhas americana e brasileira, mas não entre os praças. Os *Petty Officers* correspondem a diversas classes de sargentos e os *Warrant Officers* a suboficiais. Os termos traduzidos marcados com asterisco têm equivalência na Marinha brasileira.

Warrant Officer 1 (fora de uso)	WO1	Subtenente 1	W-1
Chief Warrant Officer 2	CWO2	Subtenente chefe 2	W-2
Chief Warrant Officer 3	CWO3	Subtenente chefe 3	W-3
Chief Warrant Officer 4	CWO4	Subtenente chefe 4	W-4
Chief Warrant Officer 5	CWO5	Subtenente chefe 5	W-5
Ensign	ENS	Guarda-marinha*	O-1
Lieutenant Junior Grade	LTJG	Tenente*	O-2
Lieutenant	LT	Capitão-tenente*	O-3
Lieutenant Commander	LCDR	Capitão de corveta*	O-4
Commander	CDR	Capitão de fragata*	O-5
Captain	CAPT	Capitão de mar e guerra*	O-6
Rear Admiral Lower Half	RDML	Contra-almirante*	O-7
Rear Admiral Upper Half	RADM	Contra-almirante*	O-8
Vice Admiral	VADM	Vice-almirante*	O-9
Admiral Chief of Naval Operations/ Commandant of the Coast Guard	ADM	Almirante de esquadra*	O-10
Fleet Admiral (reservado para tempos de guerra)	FADM	Almirante da armada*	O-11 (especial)
Admiral of the Navy (reformado)	AN	Almirante da Marinha	

Agradecimentos

Sou grato a Alain de Botton, o primeiro a me perguntar se havia algum lugar interessante em que eu gostaria de fazer residência e escrever sobre, e a Caro Llewellyn, do Writers in Residence, que fez isso acontecer com tanta facilidade (bem, com facilidade para mim, pelo menos).

Obrigado a todos da Agência Wylie, especialmente Andrew, Sarah Chalfant, Kristina Moore, Luke Ingram e Davara Bennett.

Obrigado a Chris Steele-Perkins, o fotógrafo, por suas fotografias maravilhosas.

Meu maior agradecimento, obviamente, vai para a tripulação do USS *George H. W. Bush* pela simpatia, bom humor, profissionalismo e paciência incansáveis oferecidos a mim durante toda a minha estadia. A paciência precisa ser enfatizada: deve ter sido difícil aceitar que uma explicação técnica simples de um processo sem grandes mistérios tivesse de ser repetida três ou quatro vezes e ainda ser saudada com o mais bobo dos olhares bobos. Falei com um número muito maior de pessoas do que aparece neste livro e gostaria de agradecer a todas elas por arranjar tempo em suas agendas já lotadas. Como o texto deixa óbvio, Paul Newell precisa ser distinguido com um agradecimento e um elogio especiais. Ele foi um maravilhoso guia e amigo; foi um grande privilégio testemunhar sua promoção no final da minha estadia e desejo a ele todo o sucesso e felicidade em sua carreira e vida familiar.

Como deve estar claro agora, há momentos no livro em que discordo de opiniões expressas por alguns membros da tripulação. Isso em nada diminui meu respeito e minha gratidão por sua disposição em falar abertamente para mim ou a minha admiração pela dedicação e entusiasmo com que fazem seu trabalho. Desnecessário dizer que todos os erros são exclusivamente meus.

Este livro foi possível graças a uma bolsa da Writers in Residence, uma associação dedicada a inserir alguns dos melhores escritores e fotógrafos da Magnum em algumas das instituições mais importantes do mundo moderno. A Writers in Residence busca fortalecer o ensaio longo de não ficção e a arte do fotojornalismo. Para mais informações, ver: <www.writersinresidence.org>.

Fundador: Alain de Botton
Diretor editorial: Caro Llewellyn

ESTA OBRA FOI COMPOSTA EM MINION PELO ESTÚDIO O.L.M. / FLAVIO PERALTA E IMPRESSA EM OFSETE PELA RR DONNELLEY SOBRE PAPEL PÓLEN SOFT DA SUZANO PAPEL E CELULOSE PARA A EDITORA SCHWARCZ EM MARÇO DE 2016